Escola de Almas

Roberto de Carvalho
Espírito Basílio

Escola de Almas

Aliança

2ª edição, Junho/2017, do 6º ao 7º milheiro.

Título
Escola de Almas

Autor
Roberto de Carvalho / Basílio

Revisor
Equipe Editorial

Diagramação
Jayres Gomes

Capa
Jayres Gomes

Impressão
Graphium Editora Ltda.

Ficha Catalográfica

Dados Internacionais de Catalogação na Publicação (CIP)
(Câmara Brasileira do Livro, SP, Brasil)

Basílio (Espírito).
Escola de almas / pelo Espírito Basílio;
[psicofragado por] Roberto de Carvalho.
-- São Paulo : Editora Aliança, 2017.

ISBN 978-85-88483-35-4 224 págs.

1.Espiritismo 2. Psicografia 3.Romance espírita
I. Carvalho, Roberto de. II. Título.

CDD-133.9

Índice para catálogo sistemático

1. Romance espírita psicografado: Espiritismo 133.9

Editora Aliança
Rua Major Diogo, 511 - Bela Vista - São Paulo - SP
CEP 01324-001 | Tel.:(11) 2105-2600
www.editoraalianca.com.br | editora@editoraalianca.com.br

Este romance é uma obra inspirada mediunicamente e tem como finalidade divulgar o espiritismo por meio dos ensinamentos básicos de sua Doutrina, principalmente no que se refere ao processo das obsessões espirituais, causadoras de tanto sofrimento a encarnados e desencarnados.

Os personagens apresentados nesta narrativa são ficcionais. Portanto, qualquer semelhança com nomes ou descrições físicas de pessoas terá sido mera coincidência.

Sumário

“E assim, a tarefa espiritual que a Doutrina trouxe à Terra se cumprirá sem ameaças, violação de consciências ou privilégios de uns sobre outros, porque ela é veículo de conhecimentos libertadores que não podem ser impostos, mas compreendidos, aceitos e assimilados, por aqueles que estão em condições de fazê-lo.”

(Edgard Armond)

Prólogo desta segunda edição

Este livro, publicado pela primeira vez em 2009, teve a sua edição – seguida de várias reimpressões – esgotada em brevíssimo tempo.

Ele aborda de forma clara, simples e objetiva, vários episódios tratados no Centro Espírita "Cabana das Flores", onde o médium Joaquim, auxiliado pelo jovem Benedito e instruído pelo mentor espiritual Joel, procura prestar esclarecimentos e, na medida do possível, ajudar as pessoas que a ele recorrem em busca de amparo e orientações.

Nele encontramos desde complexos casos de obsessões, a resgates expiatórios oriundos de faltas cometidas em vidas passadas, tendo quase sempre como motivo de dor, revolta e inconformismo o desconhecimento das imutáveis leis universais, principalmente no que se refere à aplicação da lei de causa e efeito.

É uma obra de leitura suave, porém recheada de importantes lições, que servem como base de conhecimento e orientação, tanto para leigos nas questões espirituais, quanto para palestrantes e dirigentes de trabalhos de assistência espiritual.

Quem conhece a rotina de atendimento em uma Casa Espírita vai se identificar em muito com as situações aqui apresentadas.

Boa leitura!

1
O médium Joaquim

Quanto mais o homem se aproxima da natureza espiritual, tanto mais facilmente se põe em comunicação com os Espíritos.

L.M[1]

Joaquim nasceu na colônia de uma fazenda, no interior do Brasil. Teve uma infância materialmente muito pobre, mas desde cedo ficou claro que era possuidor de imensurável riqueza moral e espiritual. Aos onze anos, teve a sua primeira premonição — a morte do próprio pai — e a viu concretizar-se uma semana depois.

---

[1] *O Livro dos Médiuns* – Allan Kardec.

O acontecimento provocou no menino um gravíssimo trauma. Ele ficou mudo e passou toda a adolescência como que vivendo num mundo à parte, sem interagir sequer com os irmãos ou com as pessoas mais íntimas do seu dia a dia.

Este fato fez com que Joaquim fosse considerado louco, tanto por seus familiares, quanto pelos moradores do lugarejo onde vivia.

Foi nessa ocasião que conheceu o seu mentor espiritual, Joel, que o esclareceu sobre os compromissos mediúnicos assumidos antes da reencarnação e prometeu auxiliá-lo a cumprir sua importante tarefa de mediador entre os mundos material e espiritual.

— O que os outros consideram loucura, na verdade é uma faculdade mediúnica. Você foi escolhido, ou melhor, pediu para trabalhar na Terra, de uma forma diferente da maioria das pessoas. Neste momento, as coisas podem parecer confusas, mas estamos providenciando uma forma de você conhecer toda a verdade — disse-lhe o mentor.

E o menino, sem entender direito o significado das palavras daquele estranho ser que se apresentava como homem, mas se dizia "Espírito desencarnado", acatou-lhe as determinações muito mais por educação do que por convicção. Inicialmente, Joel representou apenas mais um ponto obscuro em seu já tão conturbado universo interior.

Mas o tempo se encarregou de colocar as coisas em seus devidos lugares. Realmente, confirmando as palavras de Joel, quando Joaquim tornou-se rapaz, passou pela região onde vivia um ambulante vendedor de bugigangas, chamado Horácio, e o contratou como ajudante. O mascate era adepto do espiritismo e repassou a Joaquim todo o conhecimento que possuía a respeito do assunto.

Munido de seus inseparáveis livros doutrinários, Horácio foi esclarecendo a Joaquim as razões dos fenômenos que o acometiam e o aprendizado do moço foi bastante inusitado. As salas de aula eram os pequenos quartos das pousadas onde pernoitavam ou os acampamentos, sob a luz da lua e das estrelas, quando a noite os surpreendia longe das cidades.

Assim, a Doutrina Espírita e a alfabetização foram-lhe ministradas juntas, por intermédio de *O Evangelho segundo o Espiritismo, O Livro dos Médiuns, O Livro dos Espíritos* e de várias outras obras espíritas que Horácio possuía.

Aos poucos, foi-se descortinando aos olhos do médium a importância de sua tarefa e a necessidade de se preparar espiritualmente para colocá-las em prática, principalmente por meio do exercício da caridade.

2

A família Trajano

Deus permite que, nas famílias, ocorram essas encarnações de Espíritos antipáticos ou estranhos, com o duplo objetivo de servir de prova para uns e, para outros, de meio de progresso.

E.S.E[2]

No romance *A Cabana das Flores*[3], a história de Joaquim se prendeu mais à questão da família Trajano, proprietária da fazenda onde o médium viveu e que enfrentava um sério problema de conflitos familiares. Pai mãe e filho eram protagonistas de

---

[2] *O Evangelho segundo o Espiritismo* – Allan Kardec.

[3] Romance do mesmo autor, Editora Aliança – public. 2006.

uma grave falta cometida no passado e, unidos pelos laços familiares, precisavam superar suas mágoas e se perdoarem, no decorrer daquela reencarnação.

Joaquim foi a boa alma que os auxiliou a encontrar o melhor caminho para a solução de seus problemas, por meio dos esclarecimentos espirituais e de uma relevante participação na vida daquela família.

Tendo uma existência bastante simples, mas totalmente dedicada ao bem, Joaquim foi vítima de uma maldade protagonizada por um dos jagunços da fazenda, que gratuitamente o odiava. Numa noite em que não se encontrava em casa, seu casebre foi incendiado. O médium perdeu todos os pertences na fogueira provocada pela ruindade do sujeito leviano, que vivia em sintonia psíquica com entidades de baixíssima condição moral.

Entretanto, graças a Mariana, esposa do coronel Ricardo Trajano, a Cabana das Flores foi reconstruída e ampliada. Em torno dela desenvolveu-se um vilarejo, formado pelas famílias que trabalhavam naquela fazenda.

Num princípio de noite, apareceu no casebre de Joaquim um garoto bastante jovem. Estava exausto, faminto e mal cuidado. Ora, ali era um lugar de atendimento público e essas ocorrências eram normais. No entanto, desta vez era diferente. O rapaz aparecera do nada e estava determinado a ficar morando com o velho médium. Tratava-se do jovem Benedito que, tendo sido abandonado pela mãe logo após o seu nascimento, e estando órfão da avó que o criara, procurou Joaquim em busca de guarida.

Joaquim o acolheu com boa vontade e Benedito se mostrou um conhecedor inato da Doutrina Espírita. Em muito pouco tempo, estava demonstrando todo o potencial de suas faculdades mediúnicas, auxiliando o médium em suas nobres tarefas de servidor do Bem.

Foi nesse período, que se intensificou o trabalho no recanto batizado de Cabana das Flores. O atendimento ali realizado ganhou projeção e, não raro, apareciam pessoas de cidades distantes para consultar o renomado médium. Inclusive gente famosa, como políticos, e artistas. A todos, Joaquim recebia com carinho, mas sem oferecer o menor privilégio para quem quer que fosse. O seu terno sorriso, a sua palavra de conforto e a bênção de sua mediunidade serviam tanto para o rico famoso, quanto para o indigente maltrapilho.

Dessa forma, muitos foram beneficiados pela humilde, porém eficaz sabedoria de sua alma nobre. Muitos deles, no entanto, em busca de complexas assistências para os seus males, necessitavam apenas de um sábio conselho. Palavras simples e objetivas que lhes abrissem os olhos e mostrassem claramente o que antes parecia intrincado e obscuro.

Tais limitações de raciocínio, tais cegueiras espirituais eram, quase sempre, impostas pela maldade de Espíritos obsessores, com o intuito de maltratarem as suas vítimas, tentando, muitas vezes, levá-las à loucura, induzindo-as a cometerem atitudes extremas como o suicídio e outros tipos de crimes.

Alguns desses casos foram reunidos neste livro, cujo objetivo é esclarecer as causas e efeitos do comportamento humano diante do inevitável intercâmbio que une as esferas material e espiritual, e por meio do qual muito mistério é desvendado e muitas dores podem ser atenuadas.

3
Visita de Alice

A aparição dos Espíritos é permitida para dar ao homem uma prova de que nem tudo morre com o corpo, que a alma conserva a sua individualidade após a morte.

L.M

Joaquim tinha por hábito, todas as manhãs, dirigir-se à sala de reuniões da Cabana das Flores e ali, somente em presença de amigos espirituais, recolher-se durante algum tempo para fazer a leitura dos evangelhos e receber orientações sobre os trabalhos desenvolvidos naquela Casa.

Numa daquelas manhãs, ao abrir a sala, surpreendeu-se com a presença de uma moça que se encon-

E antes que Joaquim completasse a frase, Alice o interrompeu de modo inteligente.

— Ele lançou a semente, seu Joaquim.

— Sim, mas tanto tempo já se passou e a semente ainda encontra dificuldade para germinar! E tudo isto porque, sendo os homens tão materialistas, preferem dar sentido material às palavras de Jesus, destituindo-as de seu verdadeiro propósito, ou seja, de seu conceito espiritual.

— É uma grande verdade — concordou a moça.

— O coração dos homens ainda não se tornou um terreno fértil para a sementeira divina. O que consola é saber que Deus, sendo um pai compreensivo e generoso, nos oferece tempo ilimitado para crescermos, não é?

— Perfeitamente! Mas muito sofrimento poderia ser evitado, se não fôssemos tão teimosos e procurássemos nos adiantar um pouco mais nessa jornada evolutiva.

— Sim, mas com tantas ilusões materiais a lhes ofuscarem os sentidos...

— Bem, deixemos de lado essas questões mais abrangentes — finalizou Joaquim, em tom amável. — Senão teremos assunto para discutir a vida inteira e, como nós mesmos dissemos, Deus é compreensivo e tolerante.

Alice retribuiu com um belo sorriso que sugeria concordância.

— Você veio me pedir ajuda — prosseguiu Joaquim — e um pedido de auxílio nunca deve ser ignorado. Conte-me do que se trata.

E a moça, dando um profundo suspiro, narrou o episódio desde o seu desencarne.

4
O acidente

Após a morte, a alma conserva a sua individualidade; jamais a perde. Que seria ela, se não a conservasse?

L.E[4]

Alice tinha 23 anos na época do ocorrido. Morava na capital mineira e era funcionária de uma empresa do ramo imobiliário. Era uma quinta-feira e ela havia deixado o escritório no intervalo do almoço para pagar umas contas no banco, que ficava em frente ao suntuoso edifício onde trabalhava.

Quando estava retornando para o escritório, aproveitou para guardar uns documentos na bolsa, enquanto esperava o semáforo abrir.

---

[4] *O Livro dos Espíritos* – Allan Kardec.

O acidente aconteceu muito rápido. Alice não teve tempo para nada. Um carro fez a curva em altíssima velocidade, zanzou na pista molhada pela chuva fina e persistente que caía há horas e a atropelou em cima da calçada.

Foi tudo muito inesperado. De repente, o barulho ensurdecedor de uma derrapagem, a pancada, o estrondo seco, a escuridão...

A jovem levantou-se completamente zonza. Viu o carro amassado, os vidros estilhaçados e uma pequena multidão de curiosos se formando em torno do que lhe pareceu ser o corpo de uma pessoa caído no asfalto. Também teve vontade de se aproximar, mas estava totalmente confusa e decidiu sair dali.

Andou aturdida, sem muita certeza de onde estava. Certamente a pancada a deixara assim. Atravessou a rua, já interditada pelo acidente e pelo grande tumulto que ele havia provocado. Pensou em retornar ao escritório, mas invadiu-lhe uma vontade incontrolável de ir para casa, de abraçar sua mãe, de deitar no colo dela... E, contrariando o senso de responsabilidade que a intimava a ir trabalhar, resolveu seguir a vontade do coração.

O ponto de ônibus ficava bem próximo dali. Alice encaminhou-se para lá e o encontrou totalmente vazio. O ônibus não tardou muito. Ela esticou o braço, solicitando que o motorista parasse, mas a condução passou direto. Logo depois, algumas pessoas foram chegando, fazendo comentários sobre o acidente que acabara de acontecer.

Quando surgiu outro ônibus, essas pessoas fizeram sinal, a condução parou e Alice finalmente pôde embarcar.

Havia vários bancos vazios. Ela sentou-se num deles e, logo depois, uma senhora de cabelos grisalhos sentou-se ao seu lado. A velhinha não olhou para Alice, mas pelo seu perfil, a moça a achou muito parecida com sua avó materna, apesar de um pouco mais jovem.

"Só aparência mesmo" — pensou. Afinal, a avó havia morrido há mais de quinze anos.

A pressa, a vontade de chegar logo em casa e de abraçar sua mãe, fizeram parecer a Alice que o ônibus estava terrivelmente lento. Ficou um pouco irritada com o motorista, mas procurou se distrair olhando os luminosos e as vitrines das lojas. Ao seu lado, a velhinha continuava impassível.

Para passar o tempo, a moça tentou organizar os pensamentos. Acabara de sobreviver a um atropelamento incrível. O carro ficara semidestruído, o motorista certamente se ferira muito ou até morrera, mas ela não havia sofrido nada! Nem um arranhão a incomodava, embora não houvesse se dado o trabalho de verificar, uma vez que não sentia dor alguma.

O ônibus entrou na rua onde ela morava. Apenas mais três pontos de parada e estaria em casa. Imaginou sua mãe sentada no sofá, vendo televisão e fazendo seus intermináveis bordados. Ela teria uma grande surpresa:

— Já em casa a esta hora, minha filha? — perguntaria com preocupação.

E Alice a tranquilizaria, beijando-a muito! Incrível, como de repente lhe deu tanta vontade de beijar e acarinhar a mãe, de se deitar no colo dela, de pedir que lhe fizesse cafuné...

Mas, ao chegar em casa, estranhou que a genitora estivesse na varanda, cercada por vários vizinhos que a abraçavam e lhe diziam palavras gentis. Ela chorava compulsivamente.

Alice atravessou o portãozinho de madeira, que estava escancarado, numa correria louca. O que estaria acontecendo, afinal? Passou pelo pequeno grupo de vizinhos e aproximou-se da mãe. Então a ouviu repetindo, entre prantos:

— Ó, minha filhinha querida! Por que, meu Deus? Por que o Senhor fez isto comigo?

Alice aproximou-se e gritou:

— Estou aqui, mamãe! Eu estou bem!

Envolveu-a num abraço carinhoso, mas sua atitude foi totalmente despercebida. Ninguém a via... Ninguém a ouvia... Ninguém notava a sua presença, a não ser a velhinha do ônibus que entrara na casa junto com ela.

Agora, sim, olhava-a de frente e sorria um sorriso triste, mas ao mesmo tempo confortador. Abria os braços longamente, convidando-a para um terno abraço e dizia com carinho:

— Venha, minha querida neta! Vamos embora! Todos estão lhe esperando, ansiosos para comemorarem o seu retorno ao plano espiritual.

5
De volta ao lar

Muitas vezes os conhecidos do recém-desencarnado o vêm receber à entrada do mundo dos Espíritos e o ajudam a desligar-se das faixas da matéria.

L.E

Então, a trágica realidade daquele momento se descortinou de modo inequívoco diante de Alice.

— Vovó Delfina? Mas, como? Como a senhora pode estar aqui? A senhora está morta...

— Estou mesmo com cara de morta, minha neta? — brincou Delfina, mantendo seu terno sorriso.

Alice não conseguiu entender mais nada. Sentiu-se constrangida com sua observação, afinal, a avó estava mais viva do que nunca. Aliás, sua aparência demonstrava muito mais vivacidade do que nas fotografias amarelecidas pelo tempo, que ela e sua mãe possuíam em casa.

— O que significa isto, afinal? — balbuciou, por fim.

— Você desencarnou naquele acidente, minha querida! Assim como eu desencarnei há quinze anos. Mas nós não estamos mortas. Aliás, ninguém morre! Nós apenas renovamos a nossa roupagem física, de vez em quando, e retornamos à Terra para novas experiências encarnatórias, mas somos Espíritos imortais. É natural que você esteja confusa neste momento. De um modo geral, é isto que acontece logo após o desencarne, principalmente em se tratando de uma situação traumática. Mas você vai, aos poucos, se recordando de tudo. A vida no plano espiritual não é nenhuma novidade para nós. Aliás, esta sim, é que é a nossa verdadeira morada.

— Mas... E este corpo? Eu estou me vendo... Aqui estão os meus braços, as minhas mãos, as minhas pernas...

— Não, minha querida! Isto não é o seu corpo de carne. Ele foi destruído naquele acidente.

— Mas...

A avó se aproximou e a envolveu num caloroso abraço.

— Minha querida neta! Isto que você está vendo é o seu perispírito.

Alice a olhou interrogativa.

— O perispírito, Alice, é uma substância fluídica que dá forma ao nosso corpo carnal. Ele é um corpo intermediário entre o espírito e a matéria. É por causa dele que você está me vendo agora, ou você acha que, quinze anos depois de ter sido devorado pelos vermes, o meu corpo físico teria esta mesma aparência?

Alice se apalpou.

— Então foi por isso...

— Que a sua mãe não percebeu quando você a abraçou. Foi também por isso que ela não pôde vê-la ou ouvi-la. Embora seja formado também por matéria, o perispírito não pode ser visto pelas pessoas encarnadas, a menos que sejam médiuns videntes. Esta matéria é muito mais sutil do que a que constitui o corpo carnal.

Alice, por fim, começou a entender o que se passava. Sentiu uma incontrolável sonolência. Delfina a amparou e disse:

— Feche os olhos, minha querida, e vamos juntas fazer uma prece agradecendo a Deus pela graça de nossa infinita renovação.

E, enquanto a avó emitia uma prece, a moça foi se sentindo cada vez mais leve e entregou-se a profundo sono, enquanto recebia os cuidados de uma equipe de enfermeiros espirituais que carinhosamente a acolhia.

A chegada de Alice à espiritualidade foi comemorada com muita alegria pelos entes queridos que lá se encontravam. Ela abraçou e foi abraçada por todos com muito carinho, assim que se recuperou daqueles primeiros momentos de confusão mental, efeito da perturbação que normalmente ocorre após o desencarne do Espírito.

Mais tarde, já tendo restabelecida a sua lembrança e se adaptado à nova realidade, a moça teve a tristeza de saber que muitos de seus parentes e amigos desencarnados encontravam-se em situações bem menos felizes, devido à maneira equivocada com que haviam conduzido suas vidas e à relutância em se desligarem dos sentimentos nocivos que alimentaram durante o período encarnatório.

Essas pessoas estavam vivendo em territórios inferiores, obscuros, correspondentes ao nível de consciência de cada um; ou seja, nas "várias moradas da Casa do Pai", como dissera Jesus em seus sábios ensinamentos.

Após narrar o episódio de sua passagem, Alice suspirou profundamente e comentou com voz abafada:

— O que me preocupa, seu Joaquim, é saber que muitas dessas pessoas se encontram em territórios inferiores por haverem apressado o próprio desencarne, por meio dos chamados suicídios inconscientes. Quando vejo minha mãe se entregando à dor da perda e adoecendo em função disso, fico com medo de que ela também venha a ser mais um ente querido a chegar à espiritualidade em estado de desequilíbrio.

— Você tem razão, minha filha! Todo ser humano que põe fim à própria vida, esperando com esse gesto juntar-se mais rapidamente àquele que se foi, está cometendo um lamentável equívoco. Em vez de se unir à pessoa amada, vai se afastar dela por muito mais tempo, pois Deus não admite semelhante ato de covardia e descrença em sua providência. Assim como um pai carnal não recompensa um filho por este ter fugido das lições escolares, Deus também não poderia recompensar o filho rebelde que se recusa a aceitar a provação a que é submetido.

— É verdade, seu Joaquim! — suspirou Alice. — Minha mãe e eu já estivemos encarnadas juntas várias vezes, a fim de dirimirmos graves ofensas cometidas no passado e, aos poucos, estamos nos reconciliando, aprendendo a nos amar. Em nossa próxima experiência foi sugerido que eu seja a mãe dela. Este é um dos motivos pelos quais retornei à pátria espiritual mais cedo, pois nós já havíamos completado a programação de convivência preestabelecida naquela encarnação.

Brevemente, estarei reencarnando na Terra, onde, por variadas razões expiatórias, aguardarei para receber como filha aquela que foi, na última encarnação, a minha genitora.

— Entendo as razões de sua preocupação. Se sua mãe retornar à espiritualidade antes do tempo previsto e em desequilíbrio, pode acabar adiando por um bom tempo o início dessa nova experiência na matéria.

— Exatamente. É necessário que ela cumpra com fidelidade a parte dela. Que tenha fé em Deus, que aceite com resignação a prova a que foi submetida e que aguarde o tempo estipulado para retornar à dimensão espiritual.

Após esta narrativa, Alice foi embora, deixando Joaquim incumbido de conversar com sua mãe.

Seria natural que ele perguntasse como e onde iria encontrar a tal mulher, mas esse questionamento nem lhe passou pela cabeça. Ele sabia que quando a causa é nobre e a pessoa beneficiada é digna de merecimento, a espiritualidade se encarrega de conduzir os detalhes da ação, por meio de sugestões e inspirações as mais diversas, facilitando assim o desenrolar dos fatos.

6
Inconformismo

A fé é o remédio seguro do sofrimento; mostra sempre os horizontes do infinito diante dos quais se esvaem os poucos dias cinzentos do presente.

E.S.E

Alguns dias depois, numa das reuniões domingueiras na Cabana das Flores, o tema exposto por Joaquim era justamente sobre “Perda de Pessoas Amadas e Mortes Prematuras”, Capítulo V, item 21 de *O Evangelho segundo o Espiritismo*:

> Quando a morte vem ceifar em vossas famílias, levando sem consideração os jovens em lugar dos velhos, dizeis frequentemente: ‘Deus não é justo, pois sacrifica o

que está forte e com o futuro pela frente, para conservar os que já viveram longos anos, carregados de decepções: leva os que são úteis e deixa os que não servem para nada mais; fere um coração de mãe, privando-o da inocente criatura que era toda a sua alegria.

Criaturas humanas, é nisto que tendes necessidade de vos elevar, para compreender que o bem está muitas vezes onde pensais ver a cega fatalidade? Por que medir a justiça divina pela medida da vossa? Podeis pensar que o Senhor dos Mundos queira, por um simples capricho, infligir-vos penas cruéis? Nada se faz sem uma finalidade inteligente, e tudo o que acontece tem a sua razão de ser. Se perscrutásseis melhor todas as dores que vos afligem, e sempre encontraríeis nelas a razão divina, razão regeneradora, e vossos miseráveis interesses representariam uma consideração secundária, que relegaríeis ao último plano [...]. Regozijai-vos em vez de chorar, quando apraz a Deus retirar um de seus filhos deste vale de misérias. Não é egoísmo desejar que ele fique, para sofrer convosco? Essa dor se concebe entre os que não têm fé, e que veem na morte a separação eterna.

Mães, sabeis que vossos filhos bem-amados estão pertos de vós; sim, eles estão bem perto; seus corpos fluídicos vos envolvem, seus pensamentos vos protegem, vossa lembrança os inebria de contentamento; mas também as vossas dores sem razão os afligem, porque revelam uma falta de fé e constituem uma revolta contra a vontade de Deus.

Na assistência, uma mulher de semblante sofrido, ouvia atentamente, sem conseguir desviar os olhos do rosto do expositor, como se quisesse absorver integralmente cada palavra que era proferida por ele.

Mais tarde, durante o trabalho de assistência, Joaquim a conheceu. Disse chamar-se Iracema. Era moradora da capital mineira, havia ouvido falar do atendimento que o médium oferecia na Cabana das Flores e decidira conhecê-lo. Fora pedir conforto para enfrentar o dramático momento que estava vivendo.

Viúva há oito anos, havia perdido a única filha num atropelamento automobilístico e, após isto, a vida se lhe tornara completamente sem sentido. Sentia-se debilitada física e espiritualmente e rezava todas as noites para que Deus a levasse ao encontro da moça, expôs a mulher com lágrimas nos olhos.

Joaquim agradeceu à divina providência pela oportunidade do esclarecimento e procurou dissertar sobre os acontecimentos narrados por Alice. Deveria alertá-la sobre as desastrosas consequências que suas equivocadas aspirações poderiam gerar.

— Sua filha já esteve aqui, dona Iracema. E, com toda certeza, foi pela intercessão dela que a senhora veio nos procurar.

Mas, por circunstância de uma religiosidade equivocada, dona Iracema relutou em acreditar.

— Seu Joaquim, eu reconheço que foi muita coincidência eu ter vindo aqui, justamente no dia em que o senhor aborda o assunto pelo qual decidi procurá-lo. Mas, para mim, o mistério começa e termina aí. Esse negócio de que minha filha esteve aqui... Humm... Desculpe-me a sinceridade, mas está me parecendo...

— Embuste? Mistificação? — completou Joaquim, sem perder a serenidade.

— Bem, eu não quero ser deselegante, mas é que a gente tem ouvido falar tanta coisa sobre artifícios enganosos nas religiões...

— Eu compreendo a senhora, dona Iracema, e respeito a sua relutância em aceitar o que lhe parece tão misterioso, mas se a senhora se propuser a conhecer a Doutrina Espírita, verá que não existe mistério algum nas manifestações espirituais e que a vida pós-túmulo é tão natural quanto a que levamos aqui no plano terreno. Além disso, as pessoas embusteiras não trabalham gratuitamente. Quem mistifica é porque possui interesses escusos por trás de suas ações. A senhora não foi coagida a vir aqui, não precisou pagar nada para entrar e assistir à palestra, nem para esta conversa que estamos tendo e, muito menos, para receber a assistência espiritual que aqui oferecemos. Nada aqui é pago, porque tudo o que fazemos, fazemos por amor, dona Iracema! Nós somos voluntários e não aceitamos receber qualquer benefício material como pagamento de nossas doações. Portanto, como a senhora pode ver, não nos interessa criar inverdades em nossas tarefas, pois não logramos qualquer vantagem por intermédio delas — esclareceu o médium de modo convincente, mas sem alterar o seu tom de voz, que era sempre terno e afetuoso.

A mulher baixou a cabeça, constrangida, pois, apesar da brandura de Joaquim, a lógica explanação que ele fizera não deixava qualquer dúvida sobre as suas boas intenções.

— O senhor me desculpe...

— Não precisa se desculpar, dona Iracema! Além disso, eu não estou lhe dando lição de moral, não!

Como lhe disse, respeito e compreendo as suas dúvidas, pois reconheço que há muita gente mal intencionada por aí, explorando a boa fé alheia. Eu só estou mostrando que aqui é diferente; que nós trabalhamos com seriedade, comprometidos apenas com os preceitos da doutrina de amor e caridade propagada e exemplificada por Jesus.

Então, Alice, que também se encontrava ali, em companhia da avó Delfina, se manifestou e forneceu a Joaquim subsídios irrefutáveis para convencer dona Iracema sobre sua presença.

— A senhora está duvidando de que eu tenha conversado som sua filha? — perguntou o dirigente espiritual, com um sorriso brincalhão nos lábios.

— Duvidando não é bem o termo, seu Joaquim. Eu quero muito acreditar nisto, mas...

— Mas os seus conceitos religiosos não o permitem, não é? — ele completou, continuando a sorrir. — Pois eu lhe digo que a Alice não está sozinha aqui. Ela está acompanhada da vovó Delfina e me pede para perguntar por que é que a senhora não terminou de bordar a frase que iniciou naquele lenço branco com estampas amarelas, que a senhora pretendia dar de presente a ela em seu aniversário.

Dona Iracema arregalou os olhos e encarou o médium:

— Como é que o senhor sabe o nome da minha mãe e como pode saber também da existência desse lenço? Eu até tinha me esquecido dele. Depois que a Alice morreu, nunca mais o peguei. Nem sei onde ele se encontra. Também não comentei nada com ela sobre isso. Era para ser uma surpresa...

Calmamente, Joaquim olhou para os dois Espíritos ali presentes. Esperou que lhe dissessem mais alguma coisa e colheu as informações, repassando-as à interlocutora.

— Dona Delfina pede para dizer à senhora que, Graças a Deus, está muito bem. A Alice está me dizendo que o lenço que a senhora diz não saber onde está, encontra-se na gaveta inferior da cômoda do seu quarto e que a frase que a senhora pretendia escrever era: "Alice, Deus abençoe e ilumine sempre a sua vida!".

Dona Iracema quase desfaleceu. Percorreu o ambiente com os olhos, tentando visualizar as silhuetas da mãe e da filha no vão do espaço, no teto, nas paredes...

Joaquim segurou as mãos dela. Estavam trêmulas e suadas. Encarou-a nos olhos e disse com bastante convicção:

— Elas estão aqui, dona Iracema, e pedem que a senhora não deixe o trabalho pela metade. Que termine de bordar o lenço e que o doe para uma instituição filantrópica. Mais do que isso, que continue bordando e doando muitas outras peças, que ocupe o seu pensamento com o trabalho caridoso, que confie em Deus e aguarde com resignação o momento certo de se reencontrarem.

Dona Iracema não pôde conter as lágrimas que incontrolavelmente jorraram de seus olhos. Mas agora não era mais um pranto de desespero ou de tristeza, porém de consolo e gratidão.

Então, Delfina e Alice se aproximaram dela e a envolveram num carinhoso abraço. A moça Beijou a face da mãe, banhada pelas lágrimas, fez um aceno de agradecimento ao médium e, lentamente, avó e neta se retiraram para as esferas espirituais.

Dona Iracema saiu dali completamente mudada e, segundo contou a Joaquim, meses mais tarde, numa segunda visita à Cabana das Flores, estava bordando enxovais para uma entidade assistencial que atendia a gestantes carentes.

— Minha vida voltou a ter sentido, seu Joaquim, pois me tornei uma pessoa útil e generosa. Agradeço muito pela sua orientação. Todos os dias faço uma prece em homenagem à minha filha e, de olhos fechados, sinto que ela me envolve em seus braços e me beija com a mesma ternura com que o fazia nos velhos tempos. Mas nunca mais derramei uma lágrima de tristeza por causa da passagem dela ou voltei a desejar a morte para reencontrá-la. Estou ocupando o meu tempo de maneira útil e caridosa. Estou procurando me instruir, por meio da leitura e agora não tenho mais dúvidas de que a separação entre mim e minha filha é temporária e que, em vez de diminuir, está servindo para aumentar ainda mais o amor que nos une há muito tempo.

Joaquim nunca mais se esqueceu dos olhinhos brilhantes de dona Iracema, nem da imensa candura em sua voz, enquanto pronunciava aquelas palavras.

Sorrindo, elevou o pensamento a Deus e agradeceu pela feliz oportunidade do bom serviço prestado.

7
Vício

Crede, amai, meditai sobre as coisas que vos são reveladas; não mistureis o joio com a boa semente, as utopias com as verdades.

E.S.E

Joaquim ficou surpreso quando viu Angélica entrando em sua saleta de consultas, naquela manhã de domingo. Ela havia nascido e crescido nos arredores da fazenda dos Trajano. Pertencia a uma família cuja religião – de preceitos rígidos e conservadores – era totalmente contrária à Doutrina Espírita. A própria mulher demonstrava um indisfarçável constrangimento, deixando claro que também não se sentia à vontade naquele ambiente.

— Dona Angélica, que surpresa agradável! — saudou-a Joaquim, com sincera e espontânea alegria.

— Boa tarde, seu Joaquim! Confesso que, na verdade, eu também estou surpresa de haver tomado esta iniciativa, mas precisava vir, só para aliviar a consciência, sabendo que fiz o que julguei ser o mais acertado.

— Pois seja muito bem-vinda! Em que lhe posso ser útil?

— Vim por causa da minha mãe.

— A dona Genésia? Ela está com algum problema de saúde?

— Aí é que está a questão, seu Joaquim. Eu não tenho certeza, porque, tanto pode ser caduquice, como pode ser coisa muito pior...

— Coisa de qual tipo, dona Angélica?

A mulher olhou em torno para certificar-se de que ninguém poderia ouvir aquela bombástica revelação. Aproximou a boca do ouvido do médium e cochichou:

— Ela pode estar possuída pelo demônio! Fez o comentário com os olhos arregalados, demonstrando estar assombrada com suas próprias palavras.

— Ah, dona Angélica!... — exclamou o médium, com um gesto de negação.

— Seu Joaquim, eu sei que o senhor vai dizer que demônio não existe, que isto, que aquilo... Mas não adianta, pois para mim ele existe sim. E o pior, é que eu nem tenho coragem de contar o fato ao dirigente da nossa igreja, porque eu morro de vergonha só de pensar nisto. Imagine! Ter que admitir que minha própria mãe, uma obreira tão dedicada, tão temente a Deus, se deixou cair nas garras de satanás...

— Calma, dona Angélica! É natural que eu discorde de tudo isto, mas não vamos ficar aqui discutindo pontos de vista religiosos. Fico feliz que a senhora tenha depositado esta confiança em mim e que tenha vindo me procurar. Por favor, conte-me o que está acontecendo com a sua mãe.

— O senhor nem vai acreditar, seu Joaquim! Minha mãe, depois de velha, deu de — olhou novamente em torno, certificando-se de que realmente não havia mais ninguém por perto e voltou a aproximar a boca do ouvido do médium — fumar!

Joaquim recuou surpreso. Julgou ter ouvido errado.

— Deu de fazer o quê? Fumar?

— *Shiiiiu*! Cuidado, seu Joaquim! — pediu a mulher, com o dedo indicador em posição vertical, dividindo os lábios. — Ninguém pode saber disso, senão vai ser uma inferneira só!

Joaquim baixou bem o tom de voz e perguntou, sussurrando:

— Um momento, dona Angélica. Qual é a idade da dona Genésia?

— Fez oitenta 82 anos no mês passado.

— E alguma vez na vida, ela fumou?

— Não! De jeito nenhum! Mamãe sempre foi radicalmente contra qualquer tipo de vício. Sempre foi muito fiel à nossa religião, que também condena os vícios.

Joaquim coçou a barba.

— A senhora tem certeza do que está me dizendo?

— Infelizmente, tenho sim. De uns tempos para cá, mamãe mudou muito de comportamento. Desde que eu me casei, ela, que já é viúva há quinze anos, ficou morando sozinha. Mas sempre foi muito ativa. Visitava os netos quase todos os dias, não perdia uma reunião evangélica e sempre foi muito extrovertida. De repente, ela mudou, passou a viver isolada e quase não vai mais à igreja. Nem as janelas da casa ela tem aberto, sabia?

— Há quanto tempo ela está assim?

— Há mais ou menos uns seis meses. Mas a maior surpresa que eu tive foi um dia desses, quando resolvi visitá-la sem avisar. Como eu chamei e ela não respondeu, fui entrando porque a porta estava destrancada. Quando entrei no quarto dela, vi minha mãe escondendo um maço de cigarros, a casa estava com um cheiro forte de tabaco e havia várias pontas de cigarro num cinzeiro. Eu tomei um susto muito grande e perguntei se havia mais alguém ali. Estranhei, porque ela jamais permitiu que qualquer pessoa fumasse dentro da casa dela.

— E aí? — perguntou Joaquim, curioso em saber o desfecho daquela história esquisita.

— Aí, ela respondeu que estava sozinha. Me deu uma bronca tremenda pela invasão, me chamou de fuxiqueira e me expulsou de lá.

Joaquim estava impressionado com o que acabara de ouvir. Era uma situação inusitada, quase inacreditável.

— A senhora conversou sobre isto com ela?

— De que jeito? Ela fica histérica se eu pergunto qualquer coisa. Começa a gritar, fala para deixá-la em paz e se tranca no quarto.

— Dona Angélica, por favor, conte-me tudo, desde o começo. Deixe-me tentar entender o que está se passando com sua mãe.

E a mulher narrou a história.

8
Obsessão

O Espírito que queira causar dano pode fazê-lo, e até com mais segurança, sem se dar a ver.

L.M

Angélica era filha única de dona Genésia e seu Júlio. Após o seu nascimento, a mãe desenvolvera uma doença no útero e não mais engravidara. Mas, quando já se aproximava dos cinquenta anos, dona Genésia apareceu grávida e teve um filho que foi batizado com o nome de Denílson. A diferença de idade entre o menino e a irmã era tão grande, que ele a chamava de tia.

O filho temporão de dona Genésia foi criado como o xodó da casa. O sonho da mãe era que o menino estudasse bastante e se tornasse um homem de bem. Desse modo, ele foi criado dentro de um rígido sistema dogmático, acompanhando a mãe à igreja, metido em um terninho muito bem engomado e uma grossa bíblia enganchada entre o braço e o corpo. Durante a infância parecera-se muito mais com um adulto em miniatura do que propriamente com uma criança.

Mas, ao completar dezoito anos, Denílson decidiu ir embora para a cidade grande e não houve quem o segurasse. Apesar do desespero da mãe e do apelo da irmã, para que mudasse de ideia, o rapaz seguiu o seu destino.

Na cidade grande, conseguiu um bom emprego e deu continuidade aos estudos, mas abandonou a vida religiosa. Aliás, após descobrir os prazeres materiais que o mundo poderia lhe oferecer, e que até então haviam sido proibidos por sua mãe e pela religião, o rapaz se transformou radicalmente.

Livre das rédeas da igreja e da genitora, passou a beber e a fumar muito. Nas poucas vezes que voltava ao interior para visitar os parentes, disfarçava esses hábitos, vestindo-se como nos velhos tempos, portando a sua bíblia e frequentando os encontros religiosos Porém, voltando à cidade, retomava seus vícios.

Numa dessas visitas Denílson, levou junto um amigo. Mas era tanta intimidade entre os dois, que a irmã acabou desconfiando de que havia mais do que amizade naquela relação. Pressionado, ele confessou que era homossexual e que o amigo era, na verdade, o seu namorado. Indignada, mas para não causar desgosto à mãe, Angélica guardou segredo.

Os anos se passaram e Denílson nunca deixou de ser o queridinho da família, principalmente de dona Genésia, que devotava ao filho uma grande paixão.

Há pouco mais de um ano, uma terrível notícia teria abalado as estruturas da família: o jovem havia sido assassinado junto com seu amigo.

Para dona Genésia, disseram que o filho fora vítima de um assalto seguido de morte, mas Angélica sabia que o irmão fora assassinado por traficantes de drogas. Na verdade, os bandidos estavam no encalço do companheiro de Denílson, que era viciado e não havia quitado uma dívida contraída com seus fornecedores. Denílson foi abatido, porque testemunhara o ocorrido.

Após ser liberado pela polícia, o corpo do rapaz foi transladado para junto da família e sepultado no pequenino cemitério local.

Uma tristeza imensa tomou conta da vida de dona Genésia que, contrariando todas as orientações recebidas, passou a chorar todos os dias e a implorar pela presença do filho.

Depois dessa narrativa, Joaquim conseguiu visualizar, por fim, o que estava acontecendo com dona Genésia. Tratava-se de um complexo caso de obsessão espiritual. Os sentimentos pesarosos dela haviam criado uma simbiose perfeita entre mãe e filho.

— E então, seu Joaquim, o senhor sabe o que está acontecendo com minha mãe? — perguntou Angélica com ansiedade.

— Sei! Mas tenho a impressão de que a senhora não vai acreditar em minhas palavras, dona Angélica.

— Se o senhor admitir que ela está possuída pelo demônio, eu acredito.

— Mas não é nada disso. A menos que a senhora considere o seu irmão um demônio.

— O Denílson? O que é que o pobrezinho tem a ver com isto, seu Joaquim? Ele era desajuizado, mas não era má pessoa. Além disso, está morto e enterrado; está descansando...

— Não é bem assim, dona Angélica. Seu irmão não está morto e a única coisa enterrada naquele cemitério é o corpo decomposto que ele utilizou nesta encarnação.

— Ah, é? Então, seu Joaquim, me diga onde está o meu irmão?

— Infelizmente, o rapaz está grudado em sua mãe.

— Grudado o quê?! O senhor só pode estar de brincadeira comigo... — disse a mulher bastante exaltada.

— Não é brincadeira, dona Angélica! Aliás, é um assunto muito mais sério do que a senhora possa imaginar.

— Mas, seu Joaquim, mesmo se isto fosse possível, por que o Denílson ficaria ao lado da mãe depois de morto se, enquanto vivo, ele preferiu viver longe dela?

— Na verdade, a dona Genésia é que o está retendo junto a ela. Principalmente quando alimenta o vício dele.

— Ora, seu Joaquim, que absurdo! O senhor agora vai dizer que é o coitado do Denílson que está fazendo minha mãe fumar?

— Eu disse que a senhora não acreditaria, não disse?

— Mas é claro que não dá para acreditar num absurdo desses, seu Joaquim!

— Está bem, dona Angélica! Não vamos ficar discutindo essas questões. Qual a possibilidade de a sua mãe vir aqui?

— Aqui, na Cabana das Flores?

— Exatamente.

— Nenhuma! Aliás, se ela souber que eu vim, já será um grande problema para mim.

— Está bem! Apenas deixe anotados os nomes completos da sua mãe e do seu irmão, por favor.

— O que o senhor vai fazer?

— Ajudá-los.

— De longe?

— Dona Angélica, distância é uma coisa que só existe no plano material. Para a espiritualidade ela não existe, tudo está interligado.

— Como assim?

— Espíritos se comunicam pelo pensamento e se locomovem com essa mesma velocidade. Neste momento, por exemplo, em que estamos falando do seu irmão, nós já nos ligamos a ele e é natural que o Denílson esteja aqui, ouvindo esta conversa.

— Deus me livre e guarde! — gritou Angélica, levantando-se e mostrando os pelos dos braços totalmente eriçados.

Joaquim não conseguiu evitar uma risada, diante da reação da mulher.

— Não se preocupe, dona Angélica, não é o diabo que está aqui; é só o seu irmão...

Mas ela nem ouviu direito, pois já estava no outro cômodo, onde anotou os nomes solicitados por Joaquim, entregou-os a Benedito e saiu de modo tão atabalhoado, que tropeçou nas próprias pernas e por muito pouco não se esborrachou no chão. Ao recuperar o equilíbrio do corpo, olhou para trás e, como se visse alguém no espaço vazio, zangou-se:

— Calma aí! Calma aí! Não precisa empurrar, porque eu já estou saindo!

E foi embora correndo, para nunca mais colocar os pés na Cabana das Flores.

Joel, que havia acompanhado toda a cena, sem conseguir conter o riso, comentou com Joaquim:

— O comportamento humano, às vezes, é bem interessante, não é? Essa mulher nega e ao mesmo tempo afirma a existência da vida espiritual das criaturas.

— É verdade! Ela diz que não acredita, mas vem pedir ajuda numa Casa Espírita. E, o que é pior, achando que fazemos exorcismos por aqui!

— Tudo isto é fruto de uma confusão de ideias que são inseridas na mente das pessoas. A fé cega, a limitação dos conhecimentos e a falta de iniciativa para se investigar o que parece obscuro.

— É porque é mais cômoda a aceitação da verdade absoluta e muitas vezes absurda, imposta por um líder religioso, do que a investigação daquilo que ele prega.

— De qualquer modo, é melhor do que nada, não é Joel?

— Certamente. Afinal, o objetivo de quem procura ligar-se a uma religião, é aproximar-se de Deus e isto é muito louvável.

9
Orientação

Os Espíritos influem a tal ponto nos pensamentos dos encarnados, que muitas vezes são eles que os dirigem.

L.E

Durante quatro semanas, contando com a ajuda providencial de Benedito, o Espírito Denílson foi mentalizado durante as preces e compareceu às reuniões mediúnicas. Manifestando-se por intermédio do rapaz, travou o seguinte diálogo com Joaquim, que lhe deu as boas-vindas:

— Que Deus o abençoe, meu irmão!

— Estou muito distante de Deus! — ele gemeu.

— Deus faz parte de nós, portanto, nunca está distante.

— No meu caso, sim. Eu O troquei pelos vícios e pela degradação moral.

— Foi só um aprendizado, meu irmão. Uma fase que já passou. Deus jamais será trocado por coisa alguma. O importante agora é conscientizar-se de que a vida continua e dar sequência às lições aí, na esfera espiritual.

— Eu já tentei, mas não me deixam.

— Quem não deixa?

— Algumas pessoas, mas principalmente, a minha mãe. Toda vez que eu começo a me sentir melhor, ela aparece com os seus choros e as suas lamentações. Então eu sinto uma angústia muito grande, um remorso incontrolável, e vou para junto dela.

— Você continua com ela?

— Sim. Ela não me deixa em paz!

— Você a ama?

— Não tanto quanto deveria. Na verdade, não me sinto muito bem na presença dela. Sempre a achei muito chata, mandona e carola demais para o meu gosto. Por isso fui embora de casa.

— O que acontece agora entre você e ela?

— Está falando dos cigarros?

— Sim.

— Começou como uma brincadeira. Quando eu vi que não conseguia me desvencilhar de minha mãe, percebi que havia uma ligação mental irresistível entre nós. Como ainda sinto muita vontade de beber e fumar, decidi influenciá-la, o que acabou dando certo. Quando quero fumar, eu faço com que ela sinta essa vontade. Quando quero beber, faço a mesma coisa e absorvo os vapores fluídicos da bebida.

— Quer dizer que sua mãe anda bebendo também?

— Sim. Isso a Angélica não percebeu, mas dona Genésia mantém sempre uma garrafa de aguardente escondida embaixo da cama.

— Por que está fazendo isto com ela? Você não tem pena da sua mãe?

— Eu tenho pena dela e quero ir embora, mas como eu disse, ela não me deixa. No fundo, a culpa de tudo o que está acontecendo é mais dela do que minha.

E, no correr dos dias, Joaquim travou várias conversas com Denílson, mostrando que o fim daquele processo obsessivo poderia partir dele também, por meio de sua conscientização. Afinal, explicou-lhe, a obsessão é uma via de mão dupla que tanto prejudica a vítima quanto o obsessor.

A assistência surtiu efeito e, alguns dias depois, o rapaz foi atendido por socorristas, que o recolheram para encaminhamento às estâncias de tratamento no plano espiritual.

Angélica, apesar de nunca mais ter retornado à Cabana das Flores, dois meses depois mandou que um menino levasse e entregasse a Joaquim um bilhete com a seguinte inscrição:

Seu Joaquim.

Agradeço a sua atenção e a boa vontade que demonstrou em ajudar minha mãe. No entanto, quero lhe pedir que, se estiver fazendo qualquer coisa para isso, não faça mais nada, porque ela já está curada.

Finalmente, após todas as preces que fiz, o demônio resolveu deixá-la em paz. Mamãe abandonou aquelas manias deploráveis e voltou a ser a mesma de antes, alegre e bem-humorada.

Um abraço. Ah, por favor, depois de ler, rasgue este bilhete.

Assinado: Uma amiga.

10
Mediunidade e compromisso

Mais pesados do que as maiores montanhas, jazem depositados nos corações dos homens a impureza e todos os vícios que derivam da impureza.

E.S.E

Enquanto trabalhava na horta, que ficava nos fundos do quintal da Cabana das Flores, cultivando ervas para as beberagens medicinais com que tratava os assistidos, Joaquim travava duradouros e esclarecedores diálogos com Benedito.

O rapaz o auxiliava sempre em todas as tarefas e, por meio dessas conversas, o médium procurava instruí-lo sobre as mais diversas questões doutrinárias.

Certo dia, respondendo a uma pergunta que Benedito fizera sobre a origem da mediunidade, Joaquim explicou a ele:

— Existem duas formas de se adquirir mediunidade: uma é aquela conquistada por merecimento, devido à evolução moral da pessoa que a recebe, e que serve para o cumprimento de missões terrenas; a outra é concedida aos Espíritos devedores, e que serve como ferramenta para que o médium possa consertar os estragos provocados por atitudes inconsequentes em encarnações anteriores.

— E como é que se faz para distinguir uma da outra? — perguntou Benedito.

— É totalmente desnecessário fazer essa distinção — respondeu Joaquim. — Não importa saber que tipo de mediunidade se possua e nem a causa de possuí-la. O importante é usar essa ferramenta para o bem. Mas se a pessoa tiver curiosidade de desvendar isso, é só observar com atenção. De modo geral, os médiuns menos endividados são justamente os mais humildes; ou seja, aqueles que vivem para servir, sem nada esperar em troca; os que trabalham com boa vontade, alegria, sem jamais ostentar orgulho, vaidade ou soberba em função de suas faculdades mediúnicas.

Como a manhã ensolarada estivesse bastante quente, Joaquim sentou-se sob a sombra de uma goiabeira e, convidando Benedito para acomodar-se ao seu lado e, para exemplificar o que havia dito, narrou uma interessante história, baseada em fatos reais.

Reunido na esfera espiritual, determinado grupo, orientado por Espíritos benfeitores que haviam defendido os seus interesses naquela dimensão, acertava os últimos detalhes de sua próxima tarefa terrena. Na encarnação anterior, todos haviam falhado quanto à condução de suas responsabilidades. Uma falha lamentável e coletiva. Por isso estavam ali, juntos. O resgate deveria ser feito, também, coletivamente.

Trabalhadores de um hospital psiquiátrico foram médicos e enfermeiros, que durante mais de meio século se deixaram levar pelo descaso, negligenciando terrivelmente no trato com os pacientes a eles confiados.

O resultado disso foi uma avalanche de almas desequilibradas que, chafurdadas na revolta e na aniquilação, se encontravam perdidos nos mais deploráveis estados psíquicos. Alguns reencarnados em condições subumanas, outros vagando pelo Umbral, necessitando de urgente reencarnação compulsória.

Era imprescindível que os componentes do grupo que fora responsável por tamanha falha a corrigisse. E, na verdade, eles não desejavam outra coisa. Agradeciam a Deus, com grande comoção e sincero espírito de gratidão, a oportunidade de aliviarem as próprias consciências daquele horrendo pesadelo, onde sabiam ter figurado como verdadeiros carrascos.

Voltariam à Terra em condições distintas, mas em determinadas fases de suas vidas, tomariam conhecimento da Doutrina Espírita. Instintivamente se reuniriam e acabariam trabalhando juntos, como na encarnação passada. A diferença estava em que, desta vez, o trabalho deveria ser voluntário e não com remuneração de cargo profissional. Além disso, não desenvolveriam suas atividades no campo material, mas sim, no âmbito espiritual, e cuidariam basicamente das mesmas vítimas de suas antigas irresponsabilidades.

Tal trabalho, que em muito pouco diferia daquele, deveria ocorrer num Centro Espírita, para o qual todo o grupo, em algum momento de sua nova existência terrena, seria atraído.

Mas, já antevendo e preocupados com as inevitáveis dificuldades que lhes seriam impostas pelos inimigos e até mesmo por suas naturais fraquezas, questionavam justamente sobre esse detalhe naquela derradeira reunião, antes dos preparativos finais para as suas reencarnações.

Entretanto, a espiritualidade, que de nada se esquece e que dá sempre aos homens as melhores oportunidades para a sua regeneração, já havia providenciado o auxílio necessário. Foi-lhes garantido o apoio, por intermédio de um Espírito de Luz que lhes daria a devida sustentação.

Mas os detalhes de como isso ocorreria não foram explicitados. O grupo apenas foi informado de que não estaria totalmente à deriva frente ao complicado desafio que o aguardava. O bom êxito da tarefa a que se propunham só dependeria mesmo de boa vontade e de se colocar em prática o aprendizado auferido em suas dolorosas experiências na esfera espiritual.

O esquecimento do passado dar-lhes-ia o mérito das boas ações futuras, realizadas por instinto, sem a obrigatoriedade imposta pelo remorso diuturno de uma consciência pesada. Ou seja, bastaria que fizessem bom uso de seu livre-arbítrio, utilizando-o em favor dos necessitados, e o êxito estaria garantido. Bastaria amar ao próximo como a eles mesmos e desejar aos seus semelhantes apenas o que desejassem para eles próprios.

11
Casa Espírita

Parti, então, cheios de coragem, para removerdes essa montanha de iniquidades que as futuras gerações só deverão conhecer como lenda.

E.S.E

Algumas décadas mais tarde, estando todos reencarnados, encontrava-se o mesmo grupo unido pelos ideais fraternos de uma Casa Espírita. Homens e mulheres dotados de luminosas faculdades mediúnicas que, em algum momento da vida foram conduzidos ou se conduziram, instintivamente para aquela Casa de socorro. Ali desenvolviam, sem se perguntarem por que, um interessante trabalho de atendimento espiritual a quantos até eles chegassem.

Provinham de condições sociais bastante diferenciadas. Vínculos familiares uniam alguns deles.

Outros eram estranhos entre si, migrados de regiões distantes e até mesmo de países longínquos. Mas, uma coisa todos tinham em comum: o sofrimento. Amargas experiências de vida os levaram, cada um a seu tempo, a refletirem sobre o objetivo de suas existências. De repente se viram envolvidos com o espiritismo. Receberam assistências, tiveram seus sofrimentos apaziguados e decidiram abraçar a nova rota que os bons Espíritos lhes sugeriam.

Então, protegidos pela lei do esquecimento, estavam novamente juntos, trabalhando em favor daqueles a quem haviam prejudicado.

Diariamente, pessoas com os mais variados sintomas de desequilíbrio para lá se dirigiam, em busca de refrigério para as suas dores e aflições. O grupo de trabalhadores buscava dar o melhor de si, mas nem sempre o conseguia. Em muitos deles, as más inclinações morais sobrepunham-se à instintiva necessidade de bem servir.

O egoísmo, o orgulho, a arrogância, a vaidade, a presunção, os vícios, e todas as tendências negativas que tanto aproximam o ser humano da animalidade, eram inseridos em suas mentes pelos inimigos invisíveis que pretendiam, a todo o custo, evitar o bom êxito do importante compromisso por eles assumido.

Os atendidos eram inúmeros, as dificuldades materiais para manter a estrutura da Casa eram imensas. Mas, apesar de todos os percalços, o amor sincero despendido nesses atendimentos por aqueles que conseguiam se manter firmes em seus propósitos, surtiam visíveis e animadores efeitos.

A cada assistido beneficiado com o poder desse amor fraterno e incondicional, os trabalhadores se redimiam, não somente com Deus, mas, principalmente, com suas próprias consciências. E o alívio dessa instintiva e pesarosa sensação de remorso tornava-os mais dignos, menos infelizes.

Dentre o grupo, destacavam-se algumas pessoas, cuja expressividade mediúnica, capacidade de oratória nas exposições públicas, adiantamento intelectual, rapidez e clareza de raciocínio e senso administrativo, ultrapassavam bastante as limitadas faculdades de outros.

Isso gerava certo conflito entre eles. Os que se sobressaíam por tais atributos costumavam menosprezar aqueles que não estavam ou que não demonstravam estar no mesmo nível de evolução. Estes se sentiam minimizados frente aos outros e se ressentiam. Afastavam-se temporariamente do trabalho e, às vezes, nutriam sentimentos nada fraternos para com os seus pares.

Todas essas mazelas, que dificultavam o êxito da empreitada, eram observadas silenciosamente pela espiritualidade.

12
Humildade

Apresentai-vos com humildade e não com arrogância, sem o que sereis abandonados às vossas próprias forças.

E.S.E

Dentre os trabalhadores, havia uma senhora bastante simplória chamada Nair. Era a mais idosa do grupo e parecia possuir limitadíssima ou nenhuma faculdade mediúnica. Aparecera do nada, quando a Casa estava se iniciando e pedira para ajudar.

Dona Nair era completamente analfabeta, nascera e se criara na roça. Viúva de um pedreiro, sobrevivia com uma exígua pensão deixada pelo falecido e morava num barraco, perto da Casa Espírita.

Por ser uma criatura tão simples, ninguém fez questão de acolhê-la. Não disseram sim nem não, quando ela se ofereceu para trabalhar. Diante do silêncio coletivo, dona Nair considerou que estava autorizada a frequentar a Casa e foi o que fez. Acompanhava com assiduidade as atividades do grupo. Depois de encerrado o atendimento público, participava das reuniões, discretamente sentada nas cadeiras mais afastadas.

Tanto persistiu, que um dia decidiram oferecer-lhe uma tarefa: dona Nair foi encarregada de lavar os banheiros. Emocionada, agradeceu a oportunidade e por aí começou a sua lenta, porém progressiva, escalada nas atribuições do Centro Espírita, tendo passado por todos os estágios da faina braçal.

Somente uma década mais tarde, foi escalada para iniciar-se nos trabalhos espirituais. Devido à ausência de um dos colaboradores, inseriram-na na Câmara de Passes para suprir a vaga. Não para aplicar passes, pois seus fluidos eram considerados demasiadamente densos, devido à previsível rudeza de seu perispírito, diziam.

Julgavam eles que uma pessoa tão desprovida de qualidades no campo visível, deveria ser ainda menos relevante na esfera invisível. Mas, por sua constante subserviência e assiduidade, resolveram presenteá-la com uma função, considerada "muito mais digna".

Dona Nair passou a compor a equipe mediúnica. No trabalho de sustentação, é claro! Enquanto os demais colaboradores aplicavam os passes, ela ficava sentada num pequeno tamborete, num canto obscuro da sala de assistência espiritual, emitindo as melhores vibrações em favor dos assistidos.

Os anos foram se passando e alguns componentes do grupo, em suas respectivas épocas, foram desencarnando e regressando à pátria espiritual. Ali, lhes aguardava uma grande surpresa. Se, de um lado, ficavam felizes por terem cumprido a missão a que se propuseram, de outro, constrangiam-se ao se depararem com o inusitado da situação.

Sem a limitação imposta pelo invólucro carnal, tendo a visão ampliada pela condição de Espírito livre, concluíam que aqueles que se julgavam tão superiores e que se orgulhavam de suas brilhantes faculdades, eram os maiores devedores junto à espiritualidade. Possuíam uma parcela de culpa muito maior quanto ao desajuste dos infelizes a quem tanto deviam.

Àquelas pessoas que possuíam menor grau de mediunidade cabiam somente os papéis secundários daquela triste trama. Eram, na verdade, as que menos culpa possuíam frente às vítimas do passado, cabendo-lhes uma carga mais leve no processo de expiação.

Mas, o que mais os deixava constrangidos era a constatação de que dona Nair, a servidora mais humilde e menos valorizada da Casa era, dentre eles, a única pessoa que nada tinha a ver com resgate. Ela, nada mais era do que o Espírito de Luz prometido pela espiritualidade para dar ao grupo a sustentação necessária, alicerçando com a grandeza do seu imenso amor universal a frágil construção erguida sobre os pilares oscilantes das humanas imperfeições.

E Joaquim encerrou a narrativa, repetindo as palavras de *O Evangelho segundo o Espiritismo*, Capítulo VII, item 6:

> Bem-aventurados os pobres de espírito, porque deles é o Reino dos Céus. Jesus toma um menino como exemplo da simplicidade de coração e diz: 'Todo aquele, pois, que se fizer pequeno como este menino, será o maior no Reino dos Céus'; ou seja, aquele que não tiver pretensões à superioridade ou à infalibilidade. O mesmo pensamento fundamental se encontra nesta outra máxima: 'Aquele que quiser ser o maior, seja o que vos sirva'; e ainda nesta: 'Porque quem se exaltar será humilhado e quem se humilhar, será exaltado'.

Uma nuvem providencial cobriu o sol, banhando de sombra o canteiro da Cabana das Flores. Joaquim e Benedito se levantaram e, em silêncio, retomaram o trabalho.

Benedito refletia sobre o fundo moral daquela história e, na mente do abnegado aprendiz, a frase dita pelo velho médium ficou ecoando durante todo o dia e nunca mais o abandonou:

"Aquele que quiser ser o maior, seja o que vos sirva."

13
Provação

Todos os Espíritos tendem para a perfeição e Deus lhes faculta os meios de alcançá-la, proporcionando-lhes as provações da vida corporal.

E.S.E

Paulo e Joana iniciaram um tímido namoro nos tempos de colégio, ainda na adolescência. Com o tempo, o relacionamento solidificou-se e, mais tarde, o casamento coroou o grande amor que os unia.

Mas, pouco depois de casados, tiveram que enfrentar um sério problema: Joana desenvolveu uma grave e rara doença que foi minando aos poucos a sua resistência física. A moça alegre e linda de antes, cedeu lugar a outra que, embora fosse a mesma, não aparentava nem a sombra da primeira.

A doença a subjugou de tal modo, que Joana ficou irreconhecível. Foi como se, de uma hora para outra, ela tivesse envelhecido uns dez anos e emagreceu assustadoramente, assumindo um aspecto cadavérico, desolador.

O leito do casal foi substituído por uma maca hospitalar, na qual Joana ficou paralisada, e por uma cama de solteiro, onde Paulo dormia, sempre atento às necessidades da esposa enferma.

O sofrimento do rapaz era de fazer dó. Buscou todos os recursos médicos que conhecia, gastou todo o dinheiro de que dispunha, esgotou todas as possibilidades imagináveis para curar a esposa. Mas foi tudo em vão. Todos os diagnósticos eram desfavoráveis e praticamente todo o mundo já a dava por morta, faltando para isso, apenas que ela deixasse de respirar.

— Pode morrer amanhã, ou no ano que vem — diziam os médicos.

Mas numa coisa todos concordavam: a doença não tinha cura e a morte era inevitável.

Esgotados os recursos da medicina dos homens, Paulo, orientado por um amigo, foi à Cabana das Flores, onde expôs o seu drama. Ele estava muito abalado quando conversou com Joaquim.

— Não sei por que isto foi acontecer, seu Joaquim. Joana sempre foi uma criatura do bem, nunca fez mal a ninguém e tem muita fé em Deus. Eu também acredito em Deus e na Sua bondade, e é justamente por isto que não me entra na cabeça a necessidade de a coitada ter que passar por uma provação tão grande. Aliás, não somente ela, mas eu também. Desde que ela adoeceu, minha vida tem sido um tormento diário. Tínhamos muitos planos, mas agora... — E o rapaz não conseguiu concluir a frase, pois começou a chorar.

Joaquim compadeceu-se do sofrimento dele. Concentrou-se e, mentalmente, pediu auxílio a Joel. A orientação que recebeu foi a de não interferir naquele caso, pois o que estava ocorrendo era uma provação que o próprio casal havia pedido antes de reencarnar. Joel explicou:

— Joaquim, o único auxílio que você deve oferecer a este casal é o amparo do seu amor fraterno, a prece, a orientação com base nos ensinamentos espirituais e o porquê de as almas encarnadas passarem por sofrimentos aparentemente injustos.

— Mas, Joel, é preciso fazer mais do que isto... — quis contestar o médium, inconformado com a limitação da ajuda a ser prestada.

— Não adianta questionar, Joaquim! Ou você está colocando em dúvida a sensatez da providência divina? Você sabe que nada acontece por acaso, ou por castigo gratuito. Sabe também que nenhum sofrimento é em vão, que é por meio dele que os homens quitam os seus débitos morais e se livram de suas próprias iniquidades.

E, numa fração de segundos, o mentor espiritual permitiu que se projetasse na mente de seu tutelado os *flashes* da vida anterior daquele casal.

14
O passado

Assim se explicam todas as anomalias aparentes da vida. É a luz que se projeta sobre o nosso passado e o nosso futuro.

E.S.E

Paulo e Joana foram casados em outra encarnação e possuíam uma situação financeira muito boa. Ela o amava muito, mas ele, irresponsável e inconsequente, envolveu-se com uma jovem gananciosa, por quem acabou se apaixonando.

Completamente cego pela paixão, Paulo abandonou a esposa e foi viver com a amante. A relação não durou muito, porque a mulher, que se envolvera com ele apenas por interesses materiais, tinha um comportamento bastante fútil e artificial.

Percebendo a enrascada em que se metera, o rapaz se arrependeu e tentou reatar o casamento com Joana. Implorou para que a esposa o perdoasse e o aceitasse de volta, prometendo com sinceridade que nunca mais iria decepcioná-la.

Bastante magoada e ferida em seu amor-próprio, a esposa traída pediu um tempo para decidir, alegando dúvidas, mas também o amava muito e, no fundo, estava determinada a perdoá-lo.

Entretanto, por ser possuidora de um orgulho imbatível, a amante não se conformou com a perda das regalias auferidas no escuso relacionamento e fez de tudo para atrapalhar a reconciliação do casal. Para isto, recorreu a trabalhos de bruxaria, conseguindo manter os dois afastados e infelizes até o fim daquela existência.

De volta ao plano espiritual, consciente de sua imensa falha, Paulo implorou para reconquistar a confiança de Joana, tendo na próxima encarnação a oportunidade de reencontrá-la e de novamente conviver com ela.

O seu pedido foi aceito, mas, para isso, ele precisaria, desta vez, dar um grande exemplo de amor por meio da devoção, do respeito e da renúncia de si mesmo.

— Ah, então é isto! — refletiu Joaquim. — Agora está tudo muito bem explicado!

E, constrangido por ter se deixado levar pelo exacerbado sentimentalismo que a história havia lhe despertado, pediu desculpas às entidades espirituais e dirigiu-se ao rapaz que aguardava ansiosamente pela resposta.

— Paulo, meu filho! — disse com sua peculiar afetividade, mirando o moço com seus olhos translúcidos e paternais. — É muito importante que você não perca a fé em Deus e que entregue nas mãos d'Ele a direção do difícil momento que está vivendo. Deus é justo e misericordioso. Ele jamais permitiria que um filho sofresse injustamente. Creia nisto! Embora nos pareça uma grande ilusão, por estarmos protegidos pela lei do esquecimento, nenhum de nós está vivendo a primeira experiência encarnatória. E a questão é que, por estarmos ainda em fase de evolução, nas outras vezes em que aqui estivemos, nós contraímos dívidas; algumas bastante graves e todas elas precisam ser resgatadas.

— Seria esta a causa dos sofrimentos atuais?

— Com toda certeza! O que muitas vezes nos parece injusto e insensato é apenas o resgate de nossas faltas, ou seja, o acerto das contas que ficamos devendo e que, uma vez quitadas, se reverterão em grandes alegrias para nós.

— Seu Joaquim, não é a primeira vez que eu ouço falar em resgates expiatórios e até já considerei esta possibilidade, mas e se não for nada disto? Se essa afirmativa não passar de um engano, se for apenas uma forma de fazer com que os homens se conformem com o sofrimento?

— Ouça bem, Paulo! — prosseguiu Joaquim, sem qualquer alteração na voz. — Estou lhe falando de uma realidade na qual eu acredito racionalmente. Agora, se você vai acreditar ou não, é uma escolha sua. Mas eu o convido a estudar os livros da codificação espírita. Veja como lá tudo é coerente, não só no aspecto religioso, mas também nos aspectos filosófico e científico.

— Difícil mesmo é acreditar nesse negócio de reencarnação, seu Joaquim. A religião que eu possuo desde que nasci me garante que nós só vivemos no corpo uma vez.

— Eu sei! Também já acreditei nisto. Segundo esta crença, depois que morre, o homem fica dormindo, esperando o juízo final, quando vai ser julgado pelos seus pecados. Se for absolvido vai para o céu e, se for condenado, vai queimar eternamente no fogo do inferno, não é?

— Então, se até o senhor acredita nisso...

— Um momento, meu jovem! Eu disse que já acreditei nessa história, mas não acredito mais, e sabe por quê? Porque eu parei de aceitar as "verdades" que me impunham e eu era obrigado a acatar cegamente. Tornei-me crítico, passei a fazer muitos questionamentos. Para encontrar respostas convincentes, tornei-me estudioso do assunto e fui eliminando as alternativas, cuja coerência não resistem a um estudo um pouco mais minucioso e inteligente.

— Por exemplo?

— Por exemplo, a afirmativa de que vivemos uma única vez. Se assim fosse, de onde sairia tanta evolução no comportamento humano? Não é o acúmulo das experiências de vida que faz os homens evoluírem? Você não acha que se o homem tivesse apenas uma existência, continuaria com aquela mesma limitada capacidade de raciocínio do troglodita que vivia em cavernas?

— Não sei...

— Sim, meu filho! Isto é puramente racional, nada tendo a ver com religiosidade. O acúmulo de conhecimentos só é possível com a vivência, com a maturidade, com a experiência adquirida. Para acreditarmos que o homem só vive uma vez, teríamos que admitir que toda a experiência acumulada pela humanidade ao longo desses milênios, está adormecida junto com ela, enterrada em túmulos, esperando o tenebroso dia do juízo final. Então, como é que o homem evolui? De onde surge tanto avanço tecnológico? Tanta descoberta? Tanta inteligência?

— Confesso, seu Joaquim, que ainda não havia pensado nessas coisas...

— Então pense, meu filho! Como disse Jesus: "Conheça a verdade e ela te libertará". Outra coisa que me deixa totalmente convencido sobre a pluralidade das encarnações é a questão das diferentes sortes. Como explicar tanta dissonância, se o homem vivesse apenas uma vez? Que critério Deus usaria para criar filhos ricos, ou pobres? Inteligentes ou ignorantes? Saudáveis ou enfermos?

— Por merecimento, talvez...

— Mas que merecimento? Não estariam todos tendo a sua primeira e derradeira chance? Qual critério Deus usaria para premiar uns e castigar impiedosamente a outros? O que fizeram no passado para merecerem uma coisa ou outra, se não houve, segundo essa teoria, passado algum até o momento da encarnação? E depois, todos — ricos e pobres, saudáveis e enfermos, inteligentes e ignorantes, afortunados e infelizes... — enfrentariam em igualdade de condições o mesmo tribunal, para prestarem conta de seus atos? Que Deus injusto e parcial é este, meu filho?

Como Paulo ficasse olhando para Joaquim, com um ar de incompreensão, o médium deu prosseguimento à fala, com sua voz serena, mas sempre firme:

— Vê como a revelação da pluralidade das encarnações é tão sensata? Somente ela explica, entre outras coisas, a marcha evolutiva do homem e as suas diferentes sortes. A cada encarnação, o homem vive um novo tipo de experiência, vai aprendendo, evoluindo, errando, consertando... E é assim que constrói a sua personalidade. Por outro lado, esse negócio de ficar dormindo, esperando o juízo final, não lhe parece uma grande e inútil perda de tempo? Tudo no Universo evolui constantemente, por que só o homem ficaria inerte? Quantos homens, tendo vivido apenas algumas décadas ou nem isto, estariam adormecidos há milênios, esperando o tal julgamento, sem nada produzirem e sem nada evoluírem? E, se considerarmos que este dia exista realmente, com que corpos essas pessoas irão se apresentar perante o tribunal? Esses corpos já não estariam completamente destruídos?

— Não seria em Espírito?

— Ah, então você admite que o homem é mesmo um Espírito, porque isto é o que resta depois da morte do corpo, não é?

— Sim... Mas...

— Mas, se existe um Espírito, ou melhor, se o homem é um Espírito, por que então haveria de ficar dormindo, enquanto seu corpo se decompõe? Não seria duvidar da inteligência de Deus, ao criar filhos tão improdutivos? Tão dorminhocos?

— É, realmente, tudo o que o senhor está dizendo faz muito sentido...

— É claro que faz sentido, meu filho! As pessoas não se tornam espíritas por outra razão, que não seja a coerência e a lógica que existem em sua Doutrina. Por isto eu lhe disse que certas afirmações dogmáticas, criadas muitas vezes por razões deploráveis, não sobrevivem a questionamentos um pouco mais inteligentes. O homem inteligente não aceita pacotes fechados. Ele abre o pacote e esmiúça o conteúdo para ver o que realmente estão lhe entregando. Assim é a Doutrina dos Espíritos: nada pode ficar sem uma resposta que seja convincente, tanto no aspecto religioso quanto no científico.

Após longa entrevista, Paulo se despediu, comentando:

— O senhor tem razão, seu Joaquim. Eu vou ler os livros da Codificação Espírita, quem sabe não encontro lá as respostas que vim procurar aqui?

— Encontrará com toda certeza, meu filho! Vá com Deus, volte sempre que desejar e não se esqueça: fé na justiça divina e na bondade do nosso Pai Maior. Lembrarei sempre de você e de sua esposa em minhas preces. Deus o acompanhe!

15
Assédio

Em nós mesmos está a causa primária do mal e os maus Espíritos mais não fazem do que aproveitar os nossos pendores viciosos.

E.S.E

Cinco anos depois daquela visita à Cabana das Flores, Joana continuava viva, mas seu quadro clínico mantinha-se inalterado. Incentivado pela conversa com Joaquim, Paulo realmente acabou comprando *O Evangelho segundo o Espiritismo*, mas, desestimulado pela família, que repudiava o espiritismo, abandonou a leitura nas primeiras páginas e nunca mais procurou Joaquim.

Nessa ocasião, o rapaz, que estava em pleno ápice de sua mocidade, despertava muito mais que compaixão nas moças. Muitas vezes, precisou fazer-se de desentendido para não se envolver num relacionamento extraconjugal. Mas o assédio era muito grande.

Um dia, ele conheceu e simpatizou-se com Suzete. Inteligente e sagaz, a moça usou uma estratégia diferente das demais, fingindo que não tinha a menor intenção de se envolver emocionalmente com ele. Tornou-se a "melhor amiga" de Paulo, trocavam confidências e se entendiam bem.

Para ele, Suzete representava apenas uma boa e sincera amizade, mas ela não via as coisas dessa forma. Para ela, Paulo representava um desafio, como se fosse algo precioso que ela havia perdido há muito tempo e que precisava ser recuperado, para alimentar o seu orgulho e a sua vaidade.

Assim, após conquistar a confiança do rapaz, a moça se declarou completamente apaixonada por ele. No fundo, sabia que aquela declaração não era movida por um sentimento nobre e puro, mas apenas pelo prazer de encarar e vencer aquele desafio. Mostrar-se mais poderosa e sedutora do que todas as outras mulheres que a antecederam na tentativa de fisgá-lo e, simplesmente, matá-las de inveja.

Paulo tomou um susto. Mais uma vez fingiu-se de desentendido, buscou fugir do cerco armado pela moça, mas as tentativas de conquista eram implacáveis e o jogo de sedução articulado por Suzete chegou a surtir algum efeito. Afinal, em pleno vigor de sua mocidade, Paulo estava praticamente sozinho.

Joana, embora continuasse sendo sua esposa, era como um vegetal que estivesse ao seu lado. E era exatamente isto que deixava Suzete tão excitada. O rapaz estava há mais de cinco anos em estado de celibato. Sua dedicação à esposa era um desafio que deveria ser vencido a qualquer preço, pensava ela.

Diante da resistência do rapaz, a moça tornou-se obcecada pela ideia de conquistá-lo. Era linda, jovem e saudável; ou seja, uma adversária em potencial para a pobre Joana que nem se dava conta do que estava ocorrendo à sua volta.

Um dia, durante uma conversa amigável, a moça roubou-lhe um beijo e acendeu a chama da sensualidade que estava adormecida na intimidade do rapaz. Ao perceber que ele havia fraquejado, não mais economizou munição, na tentativa de cativá-lo de vez. O coração de Paulo começou a oscilar entre o amor sincero e brando que o unia à esposa e àquele voluptuoso sentimento que Suzete passou a lhe inspirar.

Joana morreria logo. Não havia cura. Por que continuar sendo tão fiel a ela? Por que abdicar de tocar sua vida? De refazer-se? Mas, por outro lado, o amor que nutria pela esposa era imenso. Não o permitia imaginar outra mulher ocupando o espaço reservado a ela em seu coração. Suzete queria compromisso. Paulo esquivava-se o quanto podia.

Um dia, ela o intimou a se decidir:

— Posso esperar por você? — perguntou, após mais uma frustrada tentativa de seduzi-lo.

— Preciso cuidar da Joana, Suzete. Por favor, entenda!

— Até quando?

— Até que...

— Até que ela morra?

Paulo sentiu um aperto no coração. Emudeceu.

— Será que isto vai demorar? — a moça insistiu.

— Infelizmente, acho que não. Os médicos disseram que a doença dela não tem cura mesmo — ele respondeu baixando a cabeça.

Suzete fingiu comoção. Acariciou as mãos dele.

— Não fique triste, meu querido! Não há nada que você possa fazer... Precisa entregar nas mãos de Deus e se conformar.

— Eu sei, mas...

— *Shiu*! — E ela encostou delicadamente o indicador nos lábios dele, pedindo silêncio. — Ouça, esperarei resignada até que você fique viúvo, para nos casarmos. Dessa forma, não haverá motivo para remorsos, não é?

— Não sei se você deve fazer isto, Suzete...

— Eu já tomei a minha decisão, Paulo, e não vou desistir jamais de você. Diga-me, se eu o esperar, você promete que vai se casar comigo, depois que a Joana morrer?

— O quê? Eu... Eu não sei...

E Suzete forçou uns soluços, conseguiu expelir duas lágrimas.

— Ei! Não chore, por favor! — ele pediu, enxugando o rosto dela com os polegares.

— Como não vou chorar? Você acaba de dizer que não quer saber de mim...

— Eu não disse isto. Disse que não sei...

— Promete que vai se casar comigo quando a Joana morrer, por favor! — insistiu Suzete, forçando uma dramática cena teatral.

— Está bem, eu prometo que vou considerar a sua proposta — Paulo respondeu sensibilizado pelo desempenho daquela encenação.

Suzete sorriu por dentro e foi para casa rezando para que sua adversária amanhecesse morta no dia seguinte.

16
A cura

O mal não constitui para ninguém uma necessidade fatal e só parece irresistível aos que nele se comprazem.

E.S.E

O tempo foi passando sem qualquer alteração naquela história. Joana continuava enferma, mas não morria e o desespero começou a tomar conta do coração de Suzete. Durante três anos, ela alimentou a esperança de ver Joana morta e o caminho que a conduziria aos braços de Paulo totalmente livre. Tornou-se uma moça calada e mal-humorada. Começou a beber e a fumar em demasia, seus cabelos embranqueceram antes da hora e a obsessão pela morte de Joana tornou-se uma intratável doença psíquica.

Orientada por uma colega, começou a procurar uns lugares sombrios, onde se realizavam trabalhos de magia negra, com o auxílio de trevosas entidades espirituais. Gastou muito dinheiro e muita paciência nessas intermináveis jornadas, tentando criar uma desarmonia emocional entre Paulo e Joana.

No entanto, não viu seus infaustos esforços se concretizarem em vantagem alguma, pois apesar das adversidades da vida, o casal vibrava numa perfeita sintonia amorosa que, transformada em luz, funcionava como um escudo, que os protegia dos ataques das sombras.

Suzete passou a ser a única vítima de suas próprias ações, foi-se tornando doente, ao mesmo tempo em que um inimaginável restabelecimento físico foi se operando em Joana. Ninguém acreditou no dia em que a moça abriu os olhos e pediu que lhe dessem algo para comer, pois estava "morrendo de fome".

Paulo, que estava trabalhando, foi chamado às pressas e, com os olhos banhados de lágrimas, caiu de joelhos, dando graças a Deus pela recuperação da esposa tão querida, abraçou-a carinhosamente e beijou-a com grande emoção.

— Oh, Joana, como eu a amo! Como é bom recebê-la de volta! — declarou, chorando de felicidade.

Dias depois, Joana já estava tendo uma vida normal. Ou melhor, estava vivendo ainda mais intensamente do que antes da doença e seu amor por Paulo, que já era imenso, tornou-se ainda maior. A dedicação do rapaz fora, de fato, algo impressionante. Uma prova cabal de seu sincero amor pela esposa. Afinal, foram mais de oito anos esperando fielmente pela recuperação dela.

Mas, e agora? Paulo tinha um compromisso moral com Suzete e precisava procurá-la. Precisava dar a ela a boa notícia, muito embora já soubesse que a moça não encararia desta forma.

De fato, ele estava certo. Suzete não queria saber de nada. Irritou-se profundamente quando soube da novidade. Ameaçou o rapaz e disse que ele tinha a obrigação moral de se separar de Joana e casar-se com ela. Paulo tentou acalmá-la:

— Eu disse que me casaria com você, quando a Joana morresse e, mesmo assim, por insistência sua, lembra-se? Como ela não morreu, não há compromisso algum entre nós.

Mas a moça estava inflexível. Diante da recusa taxativa de Paulo, começou a maquinar vinganças, a ruminar dissabores. Entregou-se definitivamente aos vícios e à ação maléfica dos Espíritos trevosos, realizadores dos trabalhos sujos, buscados naqueles terreiros. Tais atitudes davam a ela uma falsa sensação de alívio. Parecia amenizar o fragor implacável de sua ira, a revolta de seu amor-próprio ferido.

Com o acúmulo de tanto sentimento negativo em sua alma e de tanto elemento químico nocivo em seu organismo: tabaco, álcool e variados medicamentos antidepressivos, acabou adoecendo gravemente. Adquiriu uma enfermidade cardíaca que a subjugou sem piedade.

Terminou seus dias numa clínica especializada em tratamento a viciados, sendo vampirizada pela ação dos obsessores que havia atraído para junto de si quando lhes solicitou favores. Obsessão adquirida por contaminação nos ambientes de baixíssima vibração espiritual que frequentara, com o objetivo de prejudicar o casal.

Paulo e Joana retomaram o curso de suas vidas. Tiveram dois filhos saudáveis e, às vezes, por iniciativa dela, consultavam *O Evangelho segundo o Espiritismo*, que Paulo havia comprado e abandonado, anos antes. Ele continuava relutando em aceitar as verdades ali expostas, mas Joana via muita coerência em tudo o que estava escrito nos livros da codificação.

Ouvindo o esposo narrar o episódio ocorrido na Cabana das Flores, destacando os conselhos dados por Joaquim, Joana, embora não o conhecesse pessoalmente, passou a nutrir pelo médium um carinho muito especial.

17
Obsessão e vida afetiva

Pode-se ter inimigos entre os encarnados e entre os desencarnados.

E.S.E

Alfredo tinha pouco mais de quarenta anos quando procurou a Cabana das Flores, em busca de esclarecimentos. Estava assustado e confuso com certos acontecimentos ocorridos em sua vida, nos últimos anos. Foi em tom de quase desespero que ele se dirigiu a Joaquim, em busca de auxílio. O médium, como sempre, com muita paciência e interesse, ouviu-lhe o relato.

A história tivera início, cerca de dois anos antes, num restaurante, onde, após o jantar, Alfredo e sua companheira, Regina, degustavam um bom vinho. De repente, iniciaram mais uma das inúmeras discussões que vinham tendo nos últimos meses, sempre por motivos fúteis, o que estava desgastando imensamente a relação dos dois.

Regina estava irritadíssima por um motivo qualquer. Suas brigas eram sempre relacionadas a banalidades, ciúmes, desconfianças... Com o indicador em riste, ela acusava Alfredo de coisas absurdas. O rapaz rebatia inutilmente as acusações, Regina nem se dava o trabalho de ouvir o que ele dizia, tamanha a sua irritação.

De repente, ela parou de discutir. Olhou-o profundamente nos olhos e um repentino arrepio percorreu a espinha de Alfredo. Quando ele arranjou coragem para encará-la, teve a impressão de que não eram os olhos de sua companheira que o fitavam. Havia algo de fosco em suas pupilas. Os movimentos de sua boca eram lentos e nervosos, sua voz era impostada, como se fosse arrancada à força de suas entranhas, destilando bílis, amargura, incontido rancor...

Inicialmente, quis acreditar que era uma brincadeira de mau gosto. Riu nervosamente e pediu a ela que parasse com aquilo, pois estava atraindo a atenção dos demais frequentadores do restaurante. Mas a seriedade contida no semblante de Regina não deixava qualquer dúvida: a coisa era muito grave.

— Você é um miserável! — ela grunhiu.

E então, a voz passou a falar com o verbo na terceira pessoa, deixando claro que, embora soasse pela boca de Regina, era outro ser que falava.

— Você não vai acabar com a vida desta coitada, como fez comigo. Eu vou fazer com que ela lhe abandone. Você não presta e ela vai saber disso. Você é um predador de mulheres. Destruiu a minha vida, mas não vai conseguir fazer o mesmo com a Regina, porque eu não vou permitir...

O fato durou menos de um minuto. De repente, Regina estremeceu, debruçou-se sobre a mesa e, com a cabeça entre as mãos, começou a chorar. Pediu para ir embora, pois estava com sono e dor de cabeça.

No caminho de volta, perguntou por que Alfredo a deixara cochilar em público.

— Você não cochilou, Regina. Estava acordada o tempo todo — ele respondeu.

— Você só está dizendo isso para amenizar o meu constrangimento, não é? É claro que eu cochilei. Estávamos conversando e, de repente eu apaguei. Devo ter exagerado um pouco no vinho e você, com certeza, se aproveitou disso para ficar flertando alguma mulher bem na minha frente, não foi?

E novas acusações passaram a ser feitas contra Alfredo, que a tudo ouvia em silêncio, sem saber o que falar. Pensou em comentar o ocorrido, mas percebeu que seria inútil. Ou Regina havia arquitetado muito bem aquela farsa, para arranjar mais um pretexto para brigas, ou realmente não tinha a menor noção dos fatos. De um modo ou de outro, deduziu que ela não teria condições de esclarecer nada mesmo.

Naquela noite, Alfredo não conseguiu dormir. Viu projetar-se na penumbra do quarto, enquanto ouvia o ressono agitado da companheira, uma reprise de sua vida desde a infância distante até o momento presente, como se houvesse uma tela em sua mente exibindo o filme de sua própria existência.

Havia acabado de completar 38 anos e, até então, nada de concreto havia conseguido edificar. Regina era a terceira companheira com quem tentava construir sua vida afetiva, mas a relação, como ocorrera nas vezes anteriores, estava se desmantelando.

Seu primeiro casamento, após oito anos de harmonia e a concepção de três filhos, acabou sem mais nem menos. Uma segunda tentativa de vida conjugal, algum tempo depois, durou menos de um ano. Agora, com Regina, não estava sendo diferente, o convívio estava insuportável.

Os relacionamentos começavam bem. Reciprocidade de bons sentimentos, harmonia, felicidade e, de repente, vinham as brigas, as acusações, o ciúme doentio, a desconfiança e... Ponto final!

Umas estranhas mudanças comportamentais aconteciam gradativamente nas mentes das mulheres com quem ele se envolvia, o amor inicial se transformava em revolta, a dedicação dos primeiros meses deixava de existir e somente os sentimentos negativos sobreviviam à ação do tempo.

Decepcionado e magoado com a companheira, Alfredo passava a agir de modo irresponsável e só fazia piorar a situação. Mas, muitas vezes, suas próprias atitudes o surpreendiam, como se não tivesse total controle sobre muitas das ações que praticava. O arrependimento vinha sempre muito tarde e o descontrole emocional era inevitável, gerando crises e mais crises.

Por outro lado, sua situação financeira também sempre fora cheia de altos e baixos. Com a mesma facilidade com que arrumava um bom emprego, perdia-o, simplesmente. Nenhum estado de alegria em sua vida era duradouro. Uma eterna insatisfação jogava-o de um lado a outro, como um barco à deriva num mar revolto, fustigado por duras tormentas.

18 Esclarecimentos

Os inimigos do mundo invisível manifestam sua malevolência pelas obsessões e subjugações.

E.S.E

Havia pouco mais de dois anos que Alfredo e Regina haviam se separado e, logo após a separação, ele tomara a decisão de mudar-se para outra cidade. Era uma noite de sábado, Alfredo estava sentindo uma grande inquietação interior. Há três dias andava estranho, com um humor irritadiço, arredio...

Saiu sem destino. Acabou entrando em um bar próximo de sua casa. Escolheu a mesa mais distante da agitação e ficou ali quieto, tomando vinho, remoendo agruras. De repente, a garçonete que o atendera lhe trouxe um recado: uma mulher, que se encontrava sozinha, mandara perguntar se ele não gostaria de fazer companhia a ela.

Alfredo respondeu à garçonete que não estava interessado em aventuras, mas ela garantiu que não era o caso. Tratava-se de uma mulher decente que disse ter marcado um encontro com o irmão. Como o rapaz estivesse demorando muito, ela estava constrangida por ficar só numa mesa de bar e, por isso, solicitava, se fosse possível, a companhia dele, já que Alfredo também estava sozinho.

Por educação, ele acedeu e dirigiu-se à mesa onde estava a mulher. Cumprimentaram-se e ficaram um bom tempo conversando amenidades. Então, sem nenhuma razão aparente, a mulher olhou firme nos olhos de Alfredo e ele percebeu que ela estava mudada. Voltou a sentir aquele frio na espinha. Ela começou a destratá-lo com o mesmo tom de voz projetado pela boca de Regina, tempos atrás.

— Você não presta! Você destruiu a minha vida! Mas isso não vai ficar assim...

Dessa vez, Alfredo não teve dúvidas. Naquela ocasião, Regina inventava os seus motivos para estar zangada com ele e poderia até ter armado uma farsa para impressioná-lo. Mas e agora? Que motivo teria uma estranha, uma mulher que ele nunca vira na vida, para agredi-lo daquela forma? Como ele poderia ter destruído a vida de alguém que nem sequer conhecia?

Alfredo não quis esperar por mais nada. Saiu rapidamente do bar, até porque a mulher estava ficando histérica e sua atitude já despertava a atenção dos demais fregueses. Foi para casa, de onde ligou para uma amiga, conhecedora da Doutrina Espírita e pediu ajuda, ao que foi prontamente atendido.

A amiga, que já conhecia o trabalho do Joaquim, deu a ele o endereço da Cabana das Flores, orientando-o a procurar o médium. E foi dessa forma que Alfredo, dias depois, procurou Joaquim. Estava assustado e confuso, quando chegou ao Centro Espírita.

Após ouvir toda a narrativa de Alfredo, Joaquim analisou bem a questão, absorvendo as informações que lhe foram passadas por Joel e disse:

— Essa pobre mulher, que usa a voz de outras para lhe ofender, foi, num passado muito remoto, vítima do seu egoísmo. Sofreu demais por sua causa e acabou se suicidando por uma voluptuosa paixão a você. Devido a esse apego excessivo ao passado, ela se recusa a receber assistência no plano espiritual e não consegue evoluir. Passa o tempo todo lhe obsedando e há entre vocês uma simbiose tão incrível, ou seja, a união entre você e ela é tão intensa e duradoura, que acaba interferindo em todos os seus planos, impedindo que você siga em frente, que realize os compromissos firmados para esta encarnação.

Como Alfredo ficasse olhando com ar de quem nada entendeu, Joaquim prosseguiu:

— Essa moça interfere no pensamento das pessoas que o cercam, num momento de baixa vibração mental, principalmente daquelas que possuem faculdades mediúnicas, e incute na mente dessas pessoas todo o sentimento de angústia e de revolta que, na verdade, é dela e não de quem lhe dirige as ofensas.

— E o que devo fazer para superar isto? — perguntou Alfredo, desanimado.

— Primeiramente, não fique tão preocupado — respondeu o médium, com segurança. — A obsessão entre encarnados e desencarnados é uma coisa muito mais corriqueira do que você possa imaginar. O primeiro passo você já deu, que foi procurar ajuda e este auxílio servirá para os dois. Vamos submetê-los a uma assistência, para que vocês se fortaleçam e possam separar-se sem maiores danos, para que cada qual possa cuidar da sua própria vida, até que a espiritualidade se encarregue de uni-los, futuramente, numa condição mais propícia, se isso for o melhor para vocês. Enquanto isso, mantenha seus pensamentos sempre elevados, ore bastante, leia os evangelhos, procure praticar boas ações e peça orientação ao seu espírito guia.

19
Superação

O esquecimento das ofensas é próprio da alma elevada, que paira acima dos golpes que lhe possam desferir.

E.S.E

Alfredo deixou a Cabana das Flores com muitas dúvidas sobre a veracidade daquilo tudo. Mas, movido por uma invencível curiosidade e por grande necessidade interior de superação, seguiu as instruções do dirigente espiritual e acabou retornando um mês depois para a sequência daquela assistência.

Nas sessões seguintes, foi dada continuidade à assistência espiritual, por meio de passes, assim como à doutrinação, por meio de leituras e comentários sobre trechos de *O Evangelho segundo o Espiritismo*, citando a importância do perdão.

Uma intensa doação de amor fraterno, aliada aos aconselhamentos dos mentores para que o Espírito se desapegasse do passado e cuidasse de sua evolução, finalmente começou a surtir efeito.

Num dos atendimentos, Joaquim, orientado por Joel, leu a mensagem do Espírito Fénelon, que se encontra no capítulo XII, item 10 de *O Evangelho segundo o Espiritismo*:

> O ódio
>
> Amai-vos uns aos outros, e sereis felizes. Tratai sobretudo de amar aos que vos provocam indiferença, ódio e desprezo. O Cristo, que devei tornar o vosso modelo, deu-vos o exemplo dessa abnegação: missionário do amor, amou até dar o sangue e a própria vida. O sacrifício de amar os que vos ultrajam e perseguem é penoso, mas é isso, precisamente, o que vos torna superiores a eles. Se vós os odiásseis como eles vos odeiam, não valeríeis mais do que eles. É essa a hóstia imaculada que ofereceis a Deus, no altar de vossos corações, hóstia de agradável fragrância, cujos perfumes sobem até Ele.

> Mas embora a lei do amor nos mande amar indistintamente a todos os nossos irmãos, não endurece o coração para os maus procedimentos. É essa, pelo contrário, a prova mais penosa. Eu o sei, pois durante minha última existência terrena experimentei essa tortura. Mas Deus existe, e pune, nesta e na outra vida, os que não cumprem a lei do amor. Não vos esqueçais, meus queridos filhos, de que o amor nos aproxima de Deus, e o ódio nos afasta d'Ele.

Naquela noite, utilizando-se da mediunidade de psicofonia[5] de Benedito, a mulher finalmente se manifestou, dirigindo a Alfredo estas comoventes palavras:

— Estou muito cansada desta perseguição! Não vou mais lhe perturbar. A partir de hoje você estará livre para seguir a sua vida e eu vou me entregar à vontade de Deus. Farei tudo para me melhorar e aguardarei com paciência o momento certo em que haveremos de nos encontrar novamente. Procure se cuidar e nunca se esqueça de mim, porque eu estarei me preparando para o nosso futuro encontro, em condições melhores que as do passado. Até lá e fique com Deus!

---

[5] Fenômeno mediúnico no qual o Espírito se comunica pela voz de um médium.

Disse que estava indo com uns socorristas desencarnados que se prontificaram a cuidar dela e partiu chorando.

Ao ouvir o desabafo da moça, Alfredo ficou extremamente emocionado. Aquela declaração tão sentida, vinda do além – de alguém que ele ouvia, mas não podia ver – deixou nele uma incrível sensação de perda, um vazio imenso. Alfredo não conseguiu conter as lágrimas.

Joaquim explicou que aquela sensação de vazio era fruto do desenlace que estava ocorrendo entre ele e o Espírito sofredor, após tantos anos de imperceptível, porém de fortíssima união. Alfredo foi orientado a não se entregar àquele sentimento, porque poderia atrair de volta o Espírito, atrapalhando assim a recuperação de ambos.

Sugeriu que ele procurasse um Centro Espírita em sua cidade, a fim de estudar a Doutrina dos Espíritos, que orasse sempre e se vigiasse, mantendo elevados os seus pensamentos e as suas ações.

Alfredo seguiu os conselhos de Joaquim, e sua vida começou a melhorar em todos os aspectos. Suas ideias tornaram-se mais claras, seus projetos se desenvolveram melhor e ele passou a viver em paz consigo e com as demais pessoas.

Começou a estudar o espiritismo e em pouco tempo se tornou trabalhador voluntário de uma Casa Espírita que mantinha, também, uma instituição para cuidar de crianças órfãs.

Procurava sempre auxiliar e incentivar as pessoas que lá chegavam, buscando esclarecimento e assistência espiritual para as suas mazelas. Muitas vezes, citava a sua própria experiência como exemplo de que as interferências espirituais podem acarretar sérios transtornos aos encarnados.

Alfredo voltou a visitar Joaquim e lhe disse que, de vez em quando, sonhava com aquela mulher e, nesses momentos, lhe pedia perdão. Não conseguia distinguir o seu semblante, mas sentia por ela um imenso carinho e tinha a impressão de que iria reconhecê-la, um dia qualquer, no rostinho de uma de suas netas, quando estas finalmente chegassem ao plano terreno.

Joaquim apenas sorria e exclamava:

— Muito bem, meu filho! Muito bem!

20
Alcoolismo

Quantas doenças e enfermidades decorrem da intemperança e dos excessos de todo gênero!

E.S.E

Zulmira estava muito abalada quando esteve pela primeira vez na Cabana das Flores. Ali, em audiência reservada com Joaquim, expôs o seu dramático problema. Casara-se vinte anos atrás com Lourenço. À época, era ele um rapaz bonito, trabalhador e muito educado. Conquistara, não só o amor dela, mas também a simpatia de todos os seus parentes, sem o menor esforço.

Oriundo de família humilde, do interior da Bahia, encontrou na cidade de São Paulo a grande oportunidade de sua vida. Fez um curso técnico, tornou-se um excelente profissional no ramo da construção civil e conseguiu um ótimo emprego.

Quando conheceu Zulmira e se apaixonou pela moça, Lourenço possuía uma situação financeira bem definida, já tendo, inclusive, adquirido a sua casa própria, num bairro periférico da capital paulista. O casamento ocorreu sem delongas e a vida do casal, nos oito primeiros anos de convivência, foi um verdadeiro sonho.

Nesse ínterim, tiveram três filhos meninos, após a concepção dos quais decidiram parar. Então, Zulmira submeteu-se a uma cirurgia contraceptiva e a vida seguiu seu curso, sem qualquer evento que representasse problemas para eles.

Quando estava próximo de completarem dezesseis anos de casados, o chefe da família perdeu o emprego. Como o casal possuísse algum recurso financeiro, economizado ao longo dos anos, e Lourenço tivesse recebido uma boa indenização trabalhista, não houve, inicialmente, uma grande preocupação com esse fato. Afinal, ele era um ótimo profissional e tinha certeza de que logo estaria reempregado.

Lourenço resolveu descansar por um tempo. Afinal, havia anos que não tirava férias e, de certo modo, o desemprego chegara mesmo em boa hora, pensava.

Até essa época, embora gostasse de bebidas alcoólicas, Lourenço somente o fazia nos fins de semana e sempre em quantidade tão reduzida, que o hábito nunca havia interferido em nada na vida daquela família, perfeitamente bem estruturada.

Mas, o período ocioso que se seguiu à perda do emprego, mudou drasticamente aquele quadro. Lourenço passou a frequentar um bar que havia próximo de sua residência, durante os dias da semana que, anteriormente, eram dedicados ao trabalho e acabou se enturmando.

Fez amizades com outros frequentadores do estabelecimento e começou a sentir um grande prazer em dedicar horas e horas do seu tempo ocioso a beber e a conversar futilidades com a chamada "turma do copo", contando e ouvindo piadas, discutindo sobre jogos de futebol e, principalmente, tecendo muitos fuxicos a respeito da vida alheia.

Com o tempo, o ex-trabalhador passou a ir mais cedo para o bar e a retornar mais tarde para casa, sempre com um forte cheiro de álcool em seu hálito e bastante mudado em seu comportamento, alimentando-se pouco e se desleixando, inclusive, com a higiene pessoal. Ele, que sempre fora tão vaidoso e amante da limpeza.

Preocupada, Zulmira notava a progressiva transformação do marido e, uma noite em que ele chegou em casa cambaleando e foi para a cama sem lhe dirigir uma palavra sequer, ela achou que a coisa estava fugindo ao controle e o intimou para uma conversa muito séria.

Disse-lhe que seria melhor que ele fosse procurar logo um novo emprego, já que a reserva financeira que possuíam estava se esgotando. E ela não estava mentindo, porque, além de não possuir mais o seu salário mensal para a reposição do que era gasto, Lourenço passou a gastar bem mais do que costumava, já que agora consumia bebidas alcoólicas todos os dias e em quantidade cada vez maior.

Entretanto, o teor dessa conversa o desagradou profundamente. Lourenço estava embriagado, e naquele momento, Zulmira, assustada, passou a conhecer o outro lado da personalidade do marido, que lhe era totalmente estranha. O homem gritou com ela, dizendo que não era escravo de ninguém e que se a mulher estivesse tão preocupada com dinheiro, que fosse arranjar um emprego e que o deixasse em paz para curtir suas merecidas, ainda que forçadas, férias.

Surpreendida por tamanha agressividade do antes pacato Lourenço, Zulmira se encolheu para evitar maiores transtornos. Não disse mais nada e passou a noite em claro, pedindo a Deus que a orientasse sobre o que deveria ser feito.

No dia seguinte, Lourenço acordou arredio, macambúzio. Pediu perdão à esposa e chorou muito, dizendo não saber o que havia ocorrido com ele na noite anterior. Saiu para procurar emprego, mas quando voltou para casa, já bem tarde da noite, estava novamente bêbado e muito agressivo.

Essa insustentável situação foi se repetindo, rotineiramente na vida do casal. Lourenço demonstrava cada vez mais a sua impotência diante do vício que começou a dominá-lo por completo.

Quando era interpelado pela esposa, gritava impropérios, fazia ameaças e dormia sobre o tapete do quarto, ou no sofá da sala.

As crianças começaram a reparar no péssimo comportamento do pai e, decepcionadas com suas atitudes, passaram a evitá-lo. Nas poucas vezes em que se mantinha sóbrio, Lourenço as chamava para perto de si, pegava-as no colo e chorava muito.

Nesses momentos, dizia que as amava e prometia mudar de vida, largar a bebida e voltar a ser o pai atencioso e responsável de antes. E falava isso com tanta segurança na voz, que todos acreditavam nele. Choravam juntos e rezavam, pedindo a Deus que o ajudasse a cumprir o que havia prometido.

Mas era tudo em vão. Passado algum tempo, lá estava Lourenço enfiado nos bares, bebendo cada vez mais e chegando em casa cada vez mais agressivo e descontrolado.

Com o tempo, tendo desistido de vez de procurar emprego, já que passou a andar diuturnamente bêbado e inutilizado para as atividades profissionais, Lourenço assumiu de vez o aspecto característico da maioria dos alcoólatras.

O ex-trabalhador envelheceu precocemente, emagreceu demais, passou a ter um hálito azedo e a exalar um odor desagradável em seus suores. Sua voz tornou-se pastosa, arrastada e de difícil compreensão.

As crianças, que antes se orgulhavam do pai, afastaram-se de vez e o evitavam sempre que podiam. Muitas vezes, o viam deitado sob marquises, ou sendo enxotado dos bares, por estar incomodando os fregueses.

Nesses momentos, fingiam não o conhecer e, se o pai por acaso as chamassem, elas apertavam o passo e, não raro, chegavam em casa chorando, por causa do constrangimento que essas deprimentes cenas lhes provocavam.

Zulmira acabou se empregando em uma padaria, onde se tornou uma dedicada confeiteira. O filho mais velho, ainda adolescente, precisou abandonar os estudos e empregou-se numa oficina mecânica, para ajudar a mãe a sustentar as despesas da casa.

Lourenço tornou-se um estorvo dentro de seu próprio lar, vegetando inutilmente, parasitando a esposa e os filhos, vivendo apenas em função do seu implacável vício.

21
Conselhos

Há males nesta vida cuja causa, pelo menos na aparência, é completamente estranha *e parecem atingir o homem como por fatalidade.*

E.S.E

— Esse é o meu dilema — disse Zulmira a Joaquim, ao término da narrativa, enquanto enxugava duas lágrimas que lhe saltaram dos olhos.

— A senhora pode me dizer por que exatamente veio até aqui? — perguntou Joaquim, encarando-a com sua costumeira ternura.

— Uma amiga me falou do senhor. Ela é simpática à Doutrina Espírita e disse que o alcoolismo pode ser fruto de questões espirituais. Então, eu vim ver se o senhor pode fazer alguma coisa por nós, porque eu não sei mais o que fazer, seu Joaquim!

— Calma, dona Zulmira! — abrandou-a o médium, diante do desespero da mulher. — Eu não tenho poder para fazer nada, mas Deus tem e é a Ele que nós devemos recorrer.

— Eu era tão feliz! Minha família era tão unida!

— balbuciou a mulher, entregando-se ao desabafo de um sentido pranto.

Joaquim apoiou as mãos nos ombros dela, encarou-a com toda a compaixão que o amor fraterno lhe inspirava naquele momento e lhe disse ternamente:

— Dona Zulmira, a vida neste planeta é mesmo repleta de contrariedades, porque a felicidade suprema não pertence a este mundo. Nós não estamos aqui a passeio, gozando férias ou desfrutando de uma confortável temporada nupcial. Estamos aqui para evoluir e a evolução humana está intimamente ligada aos percalços, às provas e às expiações de faltas cometidas por nós em vidas passadas. Crescer dói, dona Zulmira!

— Como assim? Quer dizer que todo mundo que está vivendo na Terra tem a obrigação de sofrer?

— Ninguém sofre injustamente, dona Zulmira! O sofrimento humano é fruto de nossas próprias imperfeições, de nossos tropeços. E, além disso, não é um mero castigo aplicado em nós, mas um instrumento usado para a nossa progressão moral, para a conscientização dos nossos erros e, muitas vezes, para fazer cessar o nosso orgulho e a nossa vaidade. Para nos chamar à razão!

— Mas, seu Joaquim, o Lourenço sempre foi um homem bom, honesto e caridoso. Eu também nunca fiz mal a ninguém. Por que temos que passar por isso? E os nossos filhos? O que eles fizeram de errado para merecerem este sofrimento?

— Essa resposta, dona Zulmira, só Deus pode dar. O importante é que nós confiemos Nele, que acreditemos em Sua infinita justiça e bondade e que não percamos nunca a fé e a esperança em dias melhores.

— Desculpe, seu Joaquim, mas não estou muito convencida de que minha família tenha que passar por este sofrimento todo. Acho que isso é uma grande injustiça, sim!

— Dona Zulmira, o que acontece quando alguém comete um crime? As pessoas não ficam pedindo justiça? Não querem ver o autor daquele mau ato pagando pelo que fez? Não podemos nos esquecer que, de um modo ou de outro, todos nós temos débitos a serem ajustados. Não podemos gostar tanto da palavra "justiça" somente quando ela se aplica aos outros.

— Sim, mas como o senhor mesmo disse: "quando é cometido um crime". O meu marido não cometeu crime algum, eu não cometi crime algum, nem os meus filhos...

— Como é que a senhora pode afirmar isto? Que idade a senhora acha que o seu marido tem?

— O Lourenço? Ora, seu Joaquim, eu não acho, eu tenho certeza de que ele tem 49 anos — respondeu a mulher, com convicção.

Joaquim ficou olhando para ela com seus olhos serenos e um sorriso terno nos lábios.

— Desculpe, dona Zulmira, mas não é bem assim.

— Como não?

— Na encarnação atual, no corpo de Lourenço, seu marido tem esta idade, mas somando todas as encarnações anteriores, eu garanto à senhora que ele é infinitamente mais velho! Aliás, não só ele, mas também a senhora, os seus filhos, eu, e todos nós que habitamos neste planeta.

— Mas, seu Joaquim... — Zulmira desistiu de elaborar um questionamento.

— A Terra é, salvo raríssimas exceções, um planeta onde encarnam os Espíritos devedores, aqui retidos por suas imperfeições — prosseguiu Joaquim. — Durante nossas passagens pela Terra, nós nos reencontramos com quem contraímos dívidas morais e temos a oportunidade de quitar esses débitos, por meio de nossos sentimentos e de nossas ações. É isto que vai determinar o nosso adiantamento ou a nossa estagnação espiritual. É para isto que serve a encarnação terrena e não apenas para satisfazer as nossas vontades e nos cobrir de bênçãos e de alegrias.

— Mas como ter certeza disso? Como saber se isto é mesmo verdade?

Joaquim conversava com os assistidos numa saleta contígua ao salão de reuniões. Nesse pequeno cômodo havia apenas uma mesinha de madeira crua e duas banquetas improvisadas com tronco de árvores mortas, uma para ele e outra para o visitante.

Na mesa, havia uma gaveta onde ele guardava os livros da Codificação Espírita. Quando o consulente lhe fazia uma pergunta mais contundente, Joaquim pegava o evangelho e, sempre orientado por Joel, dava a resposta lendo um trecho do livro.

E foi assim que fez com Zulmira, naquele dia, lendo para ela um trecho de "O Mal e o Remédio", item 19 do capítulo V de *O Evangelho segundo o Espiritismo*:

> "Vossa terra é por acaso um lugar de alegrias, um paraíso de delícias? A voz do profeta não soa ainda aos vossos ouvidos?

Não clamou ele que haveria choro e ranger de dentes para os que nascessem neste vale de dores? Vós que nele viestes viver, esperai, portanto, lágrimas ardentes e penas amargas, e quanto mais agudas e profundas forem as suas dores, voltai os olhos ao céu e bendizei ao Senhor, por vos ter querido provar! Oh, homens! Não reconhecerei o poder do vosso Senhor, senão quando ele curar as chagas do vosso corpo e encher os vossos dias de beatitude e de alegria? Não reconhecereis o seu amor, senão quando ele adornar vosso corpo com todas as glórias, e lhe der o seu brilho e o seu alvor? Imitai aquele que vos foi dado para exemplo. Chegado ao último degrau da abjeção e da miséria, estendido sobre um monturo, ele clamou a Deus: 'Senhor! Conheci todas as alegrias da opulência e vós me reduzistes à mais profunda miséria! Graças, graças, meu Deus, por ter querido provar o vosso servo!

— A senhora entendeu a mensagem, dona Zulmira? — perguntou Joaquim, ao fim da leitura.

— Entendi, mas não sei se concordo com ela, seu Joaquim. Ainda acho que eu e meus filhos não merecemos passar por este sofrimento. Aliás, nós estamos decididos a expulsar o Lourenço de nossa casa. Ele só nos faz passar vergonhas e privações. Não merece mais a menor consideração...

— Dona Zulmira, a decisão que a senhora vai tomar é exclusivamente de sua responsabilidade. Deus a respeitará por conta do seu livre-arbítrio, mas é bom que a senhora esteja bem certa do que está fazendo. Não há nada pior do que o sofrimento imposto por uma consciência pesada, por um remorso que sempre nos chega tardiamente.

— Mas, seu Joaquim, o que o senhor me aconselha a fazer? Eu vim aqui justamente para pedir ajuda, orientação...

— Um momento, dona Zulmira. Desculpe-me, mas me parece que a senhora já decidiu o que fazer e veio aqui somente para certificar-se de que a espiritualidade aprova a sua atitude — disse Joaquim, mirando-a firmemente.

Constrangida diante dessas palavras, Zulmira baixou a cabeça, desviando seus olhos dos do médium. Joaquim prosseguiu, com voz segura, mas sem perder o tom sereno:

— Nosso trabalho é norteado e embasado nos preceitos de Jesus, dona Zulmira. Por isso, não conte com a nossa aquiescência para qualquer atitude que sugira falta de caridade, benevolência e compaixão.

Como eu lhe disse: nós temos que respeitar o livre-arbítrio das pessoas, mas não somos obrigados a compactuar com nada. Jesus disse: "Bem aventurados os misericordiosos, porque eles alcançarão misericórdia". A senhora percebe a maravilhosa oportunidade que Deus está lhe dando para demonstrar compaixão para com o seu próximo? Na verdade, o que a senhora considera um castigo, é a grande chance de se fazer digna da misericórdia divina. Nossos erros serão julgados na mesma medida com que julgarmos os erros do nosso semelhante e receberemos, no plano espiritual, o mesmo tratamento que dispensamos aos que recorreram a nós. Pense nisso. Pense também no belo período de alegria que o seu marido lhe proporcionou, nos primeiros anos do casamento de vocês. Se não consegue encará-lo mais como esposo, encare-o como um irmão doente que está necessitando de auxílio, não de desprezo e abandono!

As palavras de Joaquim tocaram fundo no coração de Zulmira. Ela continuava cabisbaixa e voltou a chorar.

Joaquim pediu orientação a Joel e o mentor espiritual permitiu, então, que o médium visualizasse algumas cenas da encarnação anterior daquela família.

22
O cassino

Todo efeito é resultado de *uma causa, as misérias humanas* são efeitos que hão de ter uma causa.

E.S.E

Zulmira e seus atuais filhos haviam sido sócios, proprietários de um cassino de jogos de azar naquela encarnação. Lourenço era o único herdeiro de um empresário muito bem-sucedido. Era riquíssimo, mas mentalmente retardado e possuidor de uma aparência física muito feia e desengonçada. Por isso, não se casara. Ele era completamente apaixonado por Zulmira e, em função disso, frequentava assiduamente a casa de jogos. Fazia qualquer coisa para estar próximo dela.

Mulher linda e arrogante, Zulmira sentia verdadeira ojeriza pelo rico herdeiro e o rejeitava abertamente. Mas o dinheiro dele era sempre muito bem aceito, principalmente pelos sócios da casa de jogos, três homens extremamente ambiciosos.

Orientada por eles, Zulmira, para manter o rico cliente na casa e sugar-lhe todo o dinheiro possível, seduzia-o com promessas de amores nunca cumpridas. Para não precisar ceder aos ardentes desejos que o homem nutria por ela, fazia-o embriagar-se quase todas as noites.

Vítima de uma invencível amnésia alcoólica, no dia seguinte, Lourenço não se lembrava do que havia ocorrido e acreditava nas histórias que Zulmira lhe contava e que eram reforçadas por seus sócios, afirmando que haviam dormido juntos.

Quem fazia companhia a ele era uma prostituta, contratada para esta finalidade e o patético homem, loucamente apaixonado, nunca descobrira a farsa.

Esta insólita situação durou longo tempo, até que um dia Zulmira se apaixonou por um aventureiro e desapareceu da cidade. Deixou atrás o fantoche de um homem, amargurado, corroído pela saudade e por uma invencível tristeza, que somente a embriaguez conseguia aplacar. Nunca mais o infeliz conseguiu se livrar do vício adquirido por força da traição daquela mulher e de seus implacáveis sócios.

E foi assim que, na encarnação presente, o gérmen do alcoolismo, que estava arraigado à sua natureza, aflorou de modo irremediável, tão logo encontrou nele as condições propícias para que isso acontecesse.

Após a projeção dessas imagens na mente de Joaquim, Joel o advertiu:

— Cuidado com o que vai dizer! Lembre-se de não interferir no livre-arbítrio das pessoas e, muito menos, de constrangê-las com lembranças que estão devidamente protegidas pela lei do esquecimento.

— Eu sei disso — respondeu o médium. — De qualquer modo, Joel, mesmo se eu contasse, duvido que ela acreditaria nessa história.

Como perdurasse o silêncio naquela pequena sala, Zulmira ergueu a cabeça e viu que Joaquim estava com os olhos fechados. Achou que estivesse rezando e aguardou que ele se manifestasse.

— Dona Zulmira... — murmurou, por fim.

— O que foi, seu Joaquim? O senhor tem alguma orientação para me dar?

— Apenas quero confirmar o que já lhe disse anteriormente. A senhora e os seus filhos têm mesmo um compromisso moral com o seu esposo. Consequências de escolhas feitas no passado. Por isso, dona Zulmira, não se coloque na condição de vítima, mas de alguém que tem a oportunidade de reparar um erro. Cuidado para não cometer outro e desperdiçar a ótima chance que Deus está lhe oferecendo!

— O senhor está me dizendo que todas as pessoas que convivem com problemas dessa natureza, têm ajustes de contas a fazer?

— Não, senhora. Cada caso é um caso. Eu estou falando especificamente do seu, mas posso lhe assegurar que Deus não nos arruma companhias problemáticas apenas para se divertir às nossas custas. Por trás de todo problema há sempre uma explicação plausível. Ou seja, os percalços que enfrentamos hoje são os efeitos das ações que realizamos ontem, assim como as nossas ações de hoje projetarão os efeitos no amanhã.

— Mas, seu Joaquim, eu preciso que o senhor me diga abertamente o que fazer! O senhor está falando por enigmas...

— Consulte a sua própria consciência, dona Zulmira! A resposta de tudo está aí dentro. Mas aja com lucidez e bom senso! Faça melhor, peça orientação ao seu Espírito guia, ouça a voz da sua consciência, porque o que ela lhe disser será a voz do seu anjo protetor sussurrando em seus ouvidos. De minha parte, incluirei em minhas preces a lembrança de sua família, rogando a Deus que os oriente e ampare. Vá com Deus, dona Zulmira! Que Deus a acompanhe! E volte sempre que desejar!

Zulmira foi embora sem dizer o que pretendia fazer e nunca mais retornou à Cabana das Flores.

Uma manhã, após sua prece matinal, Joaquim perguntou a Joel sobre o desfecho daquela história e o mentor lhe contou:

— Naquele dia, dona Zulmira foi para casa muito intrigada com o que ouviu aqui. À noite, antes de dormir, orou pedindo orientação ao seu Espírito guia. E foi permitido que, durante o sono, ela, os filhos e Lourenço se reunissem no plano espiritual. Eles conversaram bastante e a lembrança do passado ficou muito clara, principalmente no subconsciente do rapazinho mais velho e de sua mãe. Após isto, eles não só desistiram de expulsar Lourenço de casa, como conseguiram, com a ajuda da patroa de Zulmira, que ele fosse internado em uma clínica especializada em recuperação de alcoólatras. Hoje, Lourenço faz parte de um grupo de dependentes que sempre se reúne e se ampara mutuamente. Ele está há mais de um ano sem beber.

Sua saúde nunca mais será a mesma, mas, aos poucos, está recuperando a honradez, o respeito dos filhos e a alegria de viver.

— Louvado seja Deus! — exclamou Joaquim. E retomou as tarefas cotidianas da Cabana das Flores, com o coração tomado de alegria por mais um êxito alcançado em sua singela e gratificante tarefa de orientador espiritual.

23
Evolução

À lei do progresso todos os seres são submetidos pela bondade de Deus, que quer que tudo se engrandeça e prospere.

E.S.E

Numa das reuniões dominicais, Joaquim estava falando sobre a necessidade que o homem tem de evoluir, quando um rapaz, inteligente, mas possuidor de uma personalidade extremamente arrogante, e possivelmente inspirado por algum Espírito provocador, fez a seguinte pergunta:

— Seu Joaquim, às vezes, dá a impressão de que o senhor se enrola com as próprias palavras. Se a única coisa que importa ao Espírito é a evolução moral, por que então o homem deve se preocupar também com a evolução intelectual? Para que se ocupar deste tipo de crescimento, se a vida material é, como o senhor mesmo diz, tão passageira?

Fez-se um profundo silêncio, mediante a expectativa da resposta que seria dada à intrigante pergunta formulada pelo rapaz.

E Joaquim, com sua costumeira paciência, permitiu que a expectativa aumentasse bastante, mantendo uma considerável pausa para, finalmente, responder:

— Meu jovem, o progresso do mundo é uma lei universal à qual todos os seres estão submetidos. Nada do que Deus criou deve ficar numa posição estacionária; tudo deve evoluir e prosperar. Enquanto os homens evoluem moral e intelectualmente, todos os elementos progridem materialmente à sua volta, numa constante e perfeita simetria. O homem evoluído, não só no sentido moral, mas também em inteligência é, sem dúvida, aquele que está bem mais próximo da perfeição que Deus, o nosso Criador, espera de nós.

— E por que há tanta gente atrasada em termos de evolução intelectual? — voltou a perguntar o rapaz, correndo os olhos pela plateia, de forma provocativa.

— Pelo mesmo motivo que há tanta gente atrasada em termos de evolução moral — respondeu o médium. — Se a evolução do homem segue a passos lentos, é devido às imperfeições e ao comodismo do próprio homem.

Joaquim envolveu a todos com seu olhar penetrante, como um apelo para que prestassem bastante atenção àquelas palavras:

— É necessário, portanto, estar-se constantemente buscando o desenvolvimento em todos os sentidos, pois esta é razão da criação de todos os homens. Para isto, é preciso deixar de lado a preguiça e o comodismo.

Pegou um livro que estava sobre a mesa, ergueu-o com a mão esquerda e bateu várias vezes na capa com o dedo indicador da mão direita.

— É necessário estudar, questionar, refletir, pesquisar e aprofundar os conhecimentos, aproveitando ao máximo cada período encarnatório. Somente assim é que nós poderemos saber quem verdadeiramente somos; de onde viemos, para onde iremos, quais os objetivos de nossa existência, quais as consequências de nossos atos, quais os motivos de nossos padecimentos e de nossas alegrias presentes...

Silêncio absoluto reinava no ambiente, quando ele concluiu:

— Enfim, é necessário abandonar o ócio, as antigas, incompreensíveis e infundadas concepções que andaram conduzindo a humanidade para a direção errada; o cômodo pensamento de que mistérios existem e que não devem ser esmiuçados. É preciso buscar incansavelmente o conhecimento da verdade que nos liberta da ignorância, da cegueira subserviente e do ceticismo.

E, como gostasse sempre de ilustrar as suas explanações com a narrativa de um caso, Joaquim lembrou-se de uma história que lhe foi contada por Horácio, à época em que os dois percorriam juntos as estradas, trabalhando como mascates. Então ele a contou naquela manhã:

24
Comodismo

Não avançar é recuar, e, se o homem não se houver firmado bastante na senda do bem, pode recair nos mundos de expiação.

E.S.E

Havia, numa pequena cidade, uma antiga lei proibindo a população de sentar-se num dos bancos de sua praça central. E era tão rigorosa a determinação, que um policial sempre permanecia em constante sentinela, para garantir que a tal lei fosse fielmente cumprida.

Os moradores mais antigos da cidade não se lembravam de como havia se originado aquela lei, mas já estavam tão acostumados com ela, que nem a questionavam mais. Os jovens a achavam perfeitamente natural, pois a proibição antecedia ao nascimento deles próprios. Somava-se a isto o fato de todos concordarem que as imposições existem para serem cumpridas e não questionadas.

Durante várias décadas, o tal banco da praça nunca fora utilizado por ninguém, pois os cidadãos sabiam que se alguém se atrevesse a fazê-lo, estaria sujeito a severas punições.

Um dia, um delegado foi designado para assumir o comando policial daquela cidade e percebeu logo que havia algo errado por ali, pois todas as vezes que convocava os policiais para as reuniões de trabalho, um deles estava ausente.

— Onde está fulano? — perguntava.

— Está tomando conta do banco da praça — respondiam, com a maior naturalidade.

Curioso, o delegado resolveu conhecer o tal banco, julgando tratar-se de algum patrimônio histórico de inestimável valor cultural ou até mesmo material. Um banco ornado com pedras preciosas ou algo assim, pensou ele. E foi conferir.

Mas, surpreso, constatou que se tratava de um reles e parco banco de madeira, sem nenhum valor aparente além da própria condição de banco, ou seja, um lugar para se sentar. Intrigado, dirigiu-se ao policial que montava sentinela naquele momento e perguntou:

— Por que não se pode sentar neste banco, policial?

— Ah, isso eu não sei lhe dizer, não senhor! — respondeu o homem com muita sinceridade.

— E quem é que pode me responder esta pergunta?

— Xi! Não conheço ninguém, não senhor!

Então, o delegado, que era um homem muito questionador, promoveu um verdadeiro rebuliço na cidade com o intuito de descobrir a origem daquela lei. Depois de muito pesquisar, desentocou a seguinte história:

Quando aquela praça fora construída, décadas atrás, o prefeito, que estava em plena campanha política para as eleições daquele ano, decidiu realizar uma grande festa de inauguração, com banda de música, queima de fogos e um esfuziante comício em favor dos seus correligionários. Como as eleições estavam muito próximas de serem realizadas, as obras foram aceleradas para que terminassem em tempo hábil, ou seja, antes do dia marcado para o pleito.

No dia da inauguração da praça, o secretário de obras percebeu que aquele banco não havia sido pintado e mandou que os trabalhadores o pintassem imediatamente, com as cores do partido do prefeito. A pintura foi feita às pressas, mas a tinta demorou a secar. Quando já estava quase na hora de começar o evento, o político, trajando um caríssimo e elegante terno de linho branco, acabou se sentando justamente no banco que estava com tinta fresca.

Ao ser avisado sobre o lastimável estado em que ficaram as suas roupas, o prefeito saiu enfurecido e foi trocá-las. Com isto, ocorreu um considerável atraso no início do evento. Irritado com o constrangedor incidente, o chefe de polícia chamou os soldados e passou-lhes uma severa ordem:

— Vigiem este maldito banco, para que ninguém mais se sente nele!

E assim os policiais fizeram. Montaram guarda próximo ao banco e não permitiram que ninguém mais se aproximasse dele. Após isto, a festa transcorreu normalmente. O problema foi que, no dia seguinte, o delegado foi transferido para outro município e se esqueceu de retirar a ordem dada aos seus soldados e eles continuaram vigiando o banco da praça e impedindo que as pessoas ali se sentassem.

Os anos foram se passando, a delegacia daquela cidade mudou várias vezes de comando, velhos policiais se aposentaram e novos soldados os substituíram, mas a lei decretada naquela longínqua tarde nunca mais foi revogada.

Acabou sendo anulada somente no dia em que aquele delegado questionador desvendou-lhe o mistério e o povo da bucólica cidadezinha pôde, finalmente, sentar-se no banco de não sentar.

— Entenderam o teor dessa historinha? — perguntou Joaquim, ao fim da narrativa. — Muita gente costuma se acomodar com velhos e ultrapassados conceitos que, em muitos casos, não têm o menor fundamento. Essas pessoas param no tempo, deixando de evoluir, de crescer.

Em seguida, leu o parágrafo derradeiro da questão 13, capítulo VII, de *O Evangelho segundo o Espiritismo*: Missão do Homem Inteligente na Terra:

> A inteligência é rica em méritos para o futuro, mas com a condição de ser bem empregada. Se todos os homens bem dotados se servissem dela segundo os desígnios de Deus, a tarefa dos Espíritos seria muito fácil, ao fazerem progredir a humanidade. Muitos, infelizmente, a transformaram em instrumento de orgulho e de perdição para si mesmos. O homem abusa da sua inteligência, como de todas as suas faculdades,

mas não lhe faltam lições, advertindo-o de que uma poderosa mão pode retirar-lhe o que ela mesma lhe deu.

E, olhando para o rapaz que havia formulado a pergunta, arrematou:

— Entendeu, meu filho, por que é necessário evoluir-se? Esta é uma lei universal e, como toda lei do Criador, é imutável! O único cuidado que o homem deve ter com o seu aprendizado é o de não usá-lo para humilhar os menos abastados de inteligência, pois todo aquele que abusa dos benefícios adquiridos, pode acabar ficando desprovido deles até que aprenda a nobre lição da humildade e faça por merecê-los. Portanto, a evolução intelectual só é um verdadeiro tesouro, quando devidamente acompanhada do crescimento moral e quando traz arraigado em si o amor fraternal que Jesus nos ensinou a cultivar em nós.

Mostrando ter absorvido o aprendizado, o rapaz meneou a cabeça num movimento positivo e balbuciou:

— Muito obrigado, seu Joaquim! Estou satisfeito com a explicação!

25
Sortes

Somente na vida futura podem efetivar-se as compensações que Jesus promete aos aflitos da Terra.

E.S.E

Chamava-se Rodrigo e era filho de um sitiante das redondezas. Não era espírita, mas de tanto ouvir falar dos atendimentos e dos esclarecimentos que Joaquim oferecia na Cabana das Flores, resolveu lhe fazer uma visita. Porém não o fez durante os trabalhos da Casa, mas numa tarde morna de outono, em que o médium estava produzindo umas infusões medicinais.

Benedito o atendeu no portão e o convidou para entrar, conduzindo-o ao "pequeno laboratório", onde Joaquim se encontrava preparando infusões. Como sempre, muito hospitaleiro, Joaquim o recebeu com afabilidade e o convidou a sentar-se.

— Seu Joaquim, eu decidi procurá-lo, porque estou muito revoltado com a vida e queria que o senhor me explicasse umas coisas que não me entram na cabeça, de jeito nenhum — disse ele, com um tom de voz que sugeria contrariedade.

— De que se trata, meu filho?

— Minha revolta, seu Joaquim, é de ver que as coisas nunca funcionam direito para mim. Só dão certo para o meu irmão e isso já está me deixando até com raiva dele.

— Calma, meu rapaz! Você pode me explicar isso melhor?

— Bom, o senhor sabe que eu tenho um irmão chamado Guilherme. Ele é um pouco mais moço do que eu, mas a diferença de idade entre nós não chega nem a um ano.

— Sei, sei! — afirmou Joaquim, que conhecia os rapazes desde que eram crianças.

E Rodrigo narrou a seguinte história:

Ele e o irmão foram criados do mesmo jeito, com as mesmas oportunidades de estudo, que o pai fez questão de lhes dar. Mas, desde criança, as melhores sortes sempre estiveram ao lado de Guilherme. Este, mesmo estudando menos do que Rodrigo, sempre tirou as melhores notas na escola e foi o aluno preferido das professoras.

Depois, quando chegou a época dos namoros de adolescência, Guilherme sempre conseguia a atenção das meninas mais bonitas e interessantes. Rodrigo não arrumava, segundo suas palavras, "nada que prestasse". E cresceram assim, com essa visível diferença de sorte.

Quando foram procurar trabalho na cidade, já que não queriam se submeter à vida sacrificante da roça, Guilherme conseguiu um ótimo emprego, no qual se encontrava trabalhando há mais de dez anos. Rodrigo só conseguiu quebra-galhos e já havia mudado de ocupação umas vinte vezes. Por mais que tentasse evitar, sempre se envolvia em conflitos com a chefia ou com os companheiros de trabalho.

A mesma coisa aconteceu no casamento. Guilherme se casou com uma moça bonita, inteligente e ajuizada. Teve três filhos maravilhosos e uma família de causar inveja a qualquer um.

Rodrigo se casou com uma moça sem juízo, que o trocou pelo primeiro conquistador que a cerceou. Depois disso ele perdeu a confiança nas mulheres e não se acertou com nenhuma outra, apesar das inúmeras tentativas de construir um novo lar.

— Não tenho filhos — disse ele. — Não tenho casa própria, não tenho emprego fixo... Enfim, Deus tem negado para mim tudo aquilo que o Guilherme tem de sobra na vida dele. Como é que se explica isso, seu Joaquim? Como pode Deus gostar mais de uma pessoa do que da outra? Dar tudo para um irmão e negar tudo para o outro? Onde estão a justiça e a imparcialidade divinas de que vocês religiosos tanto falam?

Ao terminar a narrativa, Rodrigo se mostrava transtornado. Olhava fixamente para o médium, como a exigir uma resposta convincente. Com sua costumeira paciência, Joaquim retribuiu àquele olhar interrogativo, com serenidade. Apontou para o alto o dedo indicador e falou num tom de voz quase sussurrado:

— Ele é soberanamente justo e bom! Por favor, meu filho, não ouse duvidar nunca dessas palavras que lhe digo!

— Mas, seu Joaquim... — quis argumentar o rapaz, como se pretendesse reiniciar o discurso, mas logo desistiu.

— Rodrigo, meu filho! Deus é tão justo e tão bom, que nos permite viver eternamente para quitarmos as dívidas morais, contraídas à custa de nossos deslizes, ao longo da caminhada. Profundo conhecedor das nossas limitações, não age como um cobrador rude, implacável e cruel, pressionando-nos a pagá-las dentro de um prazo estipulado às suas expensas.

— Do que o senhor está falando, afinal, seu Joaquim? O que são dívidas morais?

Então, o médium apanhou *O Livro dos Espíritos* e o folheou até encontrar a pergunta 629: "Que definição se pode dar à moral?"

— Ouça, isto, Rodrigo:

> A moral é a regra de bem proceder, isto é, de distinguir o bem do mal. Funda-se na observância da lei de Deus. O homem procede bem quando faz tudo pelo bem de todos, porque então cumpre a lei de Deus.

Como Rodrigo continuasse a olhá-lo com ar de pouco entendimento, Joaquim explicou-lhe:

— A lei moral é uma das imutáveis leis divinas e consiste em nos recompensar pelo bem que praticamos e nos punir pelo mal que fazemos aos outros. É uma lei simples, porém infalível.

— Mas o que é, verdadeiramente, o bem e o mal? — perguntou Rodrigo.

Joaquim não precisou nem mudar de página, pois esta é a pergunta 630 de O Livro dos Espíritos:

O bem é tudo o que é conforme a lei de Deus, e o mal é tudo o que dela se afasta. Assim, fazer o bem é proceder de acordo com a lei de Deus. Fazer o mal é infringir esta lei.

E Joaquim esmiuçou a explicação:

— Rodrigo, para sabermos se o que estamos fazendo está conforme a lei de Deus, Jesus nos ensinou uma regra muito simples. Basta perguntarmos a nós mesmos se gostaríamos que fizessem conosco aquilo que pretendemos fazer aos outros. Se a resposta for negativa, devemos simplesmente nos abster de fazê-lo. Agindo assim, nos furtamos de contrair dívidas morais. Vê como é simples?

— Mas, seu Joaquim, eu não sou nenhum santo, mas também não sou uma pessoa má. Não sou pior do que o meu irmão, por que temos essas sortes tão diferentes?

— A explicação, meu filho, está na justiça da reencarnação. Sendo o homem um ser imperfeito, buscando o crescimento moral, por meio das múltiplas encarnações e das experiências adquiridas com o correr dos anos, é natural que traga muitas dívidas morais, contraídas ao longo dessas tantas vivências.

Você, o seu irmão e todos nós que nos encontramos encarnados neste momento, não estamos vivendo a nossa primeira experiência encarnatória. Já estivemos aqui antes, muitas vezes, e voltaremos outras tantas, para prosseguirmos nesta escalada, rumo ao aperfeiçoamento.

— Quer dizer que a minha dívida moral é maior que a do meu irmão?

— Talvez, sim; talvez, não! Como eu lhe disse anteriormente, Deus não é um cobrador implacável e impaciente. Ele nos concede todo o tempo de que necessitamos para saldarmos os nossos débitos. Mas, à medida que vamos nos conscientizando dessa necessidade, nós mesmos começamos a desejar quitar essas dívidas o mais rapidamente possível, para nos livrarmos do peso imenso que elas representam.

— Quer dizer, então, que somos nós que escolhemos a forma de pagamento da nossa dívida moral? — perguntou, Rodrigo, entrando de vez no assunto.

— Digamos que seja mais ou menos assim — respondeu o médium. — Quando o homem desencarna e se encontra frente a frente com as consequências de suas más atitudes, é natural que se arrependa e peça para reparar suas faltas. Então é definido o tipo de prova pela qual ele vai ter que passar ao longo da próxima encarnação.

— Mas, nesse caso, não é natural que o homem escolha sempre provas mais leves?

— Não exatamente, porque, desencarnado, o Espírito encara as suas dívidas como um peso enorme do qual ele precisa se livrar. Ao ver a felicidade dos Espíritos que se encontram moralmente mais adiantados, ele sente uma vontade imensa de se adiantar também. Por isso acaba, muitas vezes, escolhendo provas mais pesadas do que pode realmente suportar.

— O senhor quer dizer que eu posso não estar suportando o peso da cruz que escolhi para carregar nesta vida?

— Rodrigo, meu filho, deixe-me lhe explicar uma coisa: todos nós estamos marchando em direção a Deus. Uns mais rapidamente, outros mais devagar, mas todos nós, sem exceção, chegaremos lá um dia. O importante é termos essa consciência e não nos desesperarmos, nem nos revoltarmos contra Deus, porque o culpado dos nossos sofrimentos somos nós mesmos. Deus não nos impõe sofrimentos desnecessários. Se o faz, é porque nós merecemos e pedimos essas provações, acreditando que teríamos forças para suportá-las. Creia mais na bondade do nosso Pai celestial e acredite também na sua capacidade de superação. Não seja tão pessimista e não inveje o seu irmão. Também ele não tem culpa dos seus sofrimentos, pois como disse Jesus: "A cada um será dado de acordo com as suas obras".

— Mas, o que eu devo fazer, seu Joaquim?

— Não desanime! Jamais desista dos seus projetos de vida. Tenha fé, e siga sempre em frente, mais cedo ou mais tarde, as coisas podem começar a se reverter em seu favor.

E Rodrigo foi embora bastante pensativo.

26
Assistência

O homem evitará as dores de origem expiatória quando trabalhar por se melhorar moralmente, tanto quanto intelectualmente.

E.S.E

No domingo seguinte, lá estava Rodrigo, sentado na primeira fileira de bancos, para assistir à palestra de Joaquim. Mais tarde, ele passou por uma avaliação espiritual, onde foi constatada uma pesada dívida moral.

Rodrigo fora, na encarnação anterior, um mercador de escravos e praticamente todas as pessoas de seu convívio atual haviam padecido horrores em suas mãos. Tratava-se de um caso bem complicado.

Por meio de um convívio pacífico, o rapaz ia conseguindo abrandar a revolta de algumas de suas antigas vítimas, mas muitas não o conseguiam perdoar e sentiam um prazer inconsciente em fazê-lo sofrer. Exemplo disso foi a esposa que o traiu e o abandonou, logo após o casamento.

No ambiente de trabalho, não era diferente. Por onde quer que fosse, Rodrigo se via cercado de inimigos que, também inconscientemente, davam logo um jeito de se livrarem de sua irritante presença, provocando atritos, com o intuito de forçar a sua demissão ou o induzindo a se demitir.

Estava explicado: as coisas não fluíam na vida dele, porque o pedido feito antes da encarnação era de conviver com o maior número possível de vítimas de seu passado delituoso e reparar quantas faltas fossem possíveis.

Definitivamente, a vida de Rodrigo deveria ser mesmo de doação, renúncia e abnegação. No entanto, protegido pela lei do esquecimento e completamente afastado das práticas espirituais que poderiam auxiliar no intercâmbio entre ele e o Espírito guia que deveria orientá-lo, o rapaz começou a ver em suas antigas vítimas os seus atuais algozes e por isso andava tão revoltado, complicando ainda mais o seu já tão complicado pretérito.

Sem entrar em maiores detalhes, para não provocar qualquer constrangimento desnecessário, Joaquim o submeteu a uma fraterna assistência, já que o rapaz estava desempregado e, sem perspectivas de se manter na cidade, pretendia passar uma temporada no sítio dos pais.

Sentindo os benefícios auferidos na assistência, Rodrigo a ele se submeteu com visível alegria. Alguns obsessores mais tenazes, ou seja, antigas vítimas de suas maldades, que continuavam desencarnadas e que o perseguiam implacavelmente, foram afastadas ou deliberadamente deram-lhe uma trégua, após serem conscientizadas, durante a assistência espiritual, sobre as suas lastimáveis condições de perseguidores.

Então, Rodrigo decidiu permanecer naquela região, auxiliando o pai a administrar a pequena propriedade onde cultivavam hortaliças que eram vendidas numa cooperativa. Ele não tentou mais constituir família, mas, seguindo as boas orientações de seu guia espiritual e conselhos dados por Joaquim, tornou-se provedor de um orfanato, doando uma parte da produção do sítio para aquela instituição.

Um pouco antes de completar cinquenta anos, Rodrigo sofreu um infarto fulminante e morreu sozinho, no meio de um capinzal. Seu corpo só foi encontrado uma semana depois, em adiantado estado de putrefação. Seis meses depois, numa sessão mediúnica, ele se manifestaria por intermédio de Benedito, demonstrando imensa gratidão a Joaquim.

— Tive autorização para vir lhe agradecer — disse ele. — Os seus esclarecimentos foram de suma importância, e minha situação hoje só não é tão ruim, por causa do seu auxílio. Sei que tenho ainda muito que reparar, mas, graças ao senhor, consegui dar os primeiros passos rumo à minha libertação espiritual. Deus lhe pague por tudo, seu Joaquim!

E o médium, emocionado com a manifestação de carinho, apenas disse:

— Agradeça a Deus, meu filho! Não lhe disse que Ele é justo e bom? Cuide-se aí, pois, do lado de cá, estaremos sempre nos lembrando de você em nossas preces!

27
Egoísmo

A pureza do coração é inseparável da simplicidade e da humildade. Exclui toda ideia de egoísmo e de orgulho.

E.S.E

Marina era uma alma boa e pura. Nascida em lar desajustado, filha de pai alcoólatra e de mãe desajuizada, acabou sendo criada pela madrinha de consagração. A protetora chamava-se Berenice, uma solitária professora que gostava de tocar pianola e que encontrou na afilhada a chance de amenizar sua própria solidão.

Verdadeiras almas gêmeas, as duas acabaram se entendendo muito bem. E a hospitalidade da casa alheia foi tão completa, que o antigo lar, propiciado pelos irresponsáveis genitores, se desintegrou na poeira do tempo.

De Berenice, Marina herdou os bons modos, a serenidade no trato, a mansuetude na voz, o gosto pela música e também aquela inevitável necessidade de isolamento. Assim como a madrinha, nunca pensou em casamento, apesar da enxurrada de pretendentes que os encantamentos da mocidade provocaram, mas que os desencantamentos da idade madura, com o correr dos anos, fizeram desaparecer.

Berenice e Marina sorriram e choraram juntas todas as alegrias e todas as tristezas de suas vidas. Viviam numa cumplicidade a toda prova, como se fossem mesmo mãe e filha. Mas um hábito que, de tão antigo, passava despercebido pelos moradores da pequena cidade, causava estranheza em quem o observasse pela primeira vez: o pomar que circundava a bela casa de Berenice possuía inúmeras árvores frutíferas cujo solo, fértil e bem cuidado, fazia ficarem totalmente carregadas na estação propícia.

Mas, estranhamente, a proprietária da chácara sempre contratava um homem para colher todas as frutas, antes que elas amadurecessem. Para justificar o ato, dizia que era porque faziam muita sujeira no quintal. Entretanto, o objetivo era bem menos nobre.

Apesar de ser uma mulher bondosa e de hábitos pacíficos, Berenice não suportava a ideia de ter as crianças invadindo o seu quintal, coisa que fatalmente ocorreria, se fossem atraídas pelo doce aroma das mangas, das jabuticabas, dos pêssegos, enfim, daquela infinidade de guloseimas maduras, expostas ali, atrás de um muro de pequena altura, que não representaria empecilho para os seus inocentes, porém, impetuosos ataques.

E aquela atitude se repetia ano após ano, ininterruptamente. As árvores estavam lá, folhudas, cheias de vida, mas sempre desprovidas de frutas maduras.

Muitos anos após a feliz adoção da menina, numa tarde de outono em que Berenice tocava pianola, Marina, já agora na maturidade dos seus quarenta e tantos anos, encontrava-se na varanda da casa, lendo um romance, sob a sombra generosa de um caramanchão.

Ela adorava ouvir a Ave-Maria e era exatamente esta música que Berenice dedilhava, quando, subitamente, a pianola silenciou. A moça sentiu um frio percorrer-lhe a espinha. Ela sabia que a madrinha jamais interromperia a música pela metade, ainda mais em se tratando daquela de sua predileção. Seu instinto filial falou alto, garantindo mesmo que algo de muito grave acabara de acontecer.

Abandonando o livro sobre a cadeira, Marina irrompeu a sala com o coração aos saltos e a cena que presenciou já havia sido projetada segundos antes em sua mente preocupada: Berenice estava inerte, debruçada sobre a pianola. Sua longa e alva cabeleira, esparramada sobre o teclado, lembrava duas asas abertas, como se ela estivesse se preparando para alçar voo.

Sentindo-se impotente diante do trágico ocorrido, a Marina só coube chorar a triste perda e ela o fez baixinho, pois não queria incomodar o sossego da madrinha morta.

Desde então, herdou a casa antiga e bela, ensombrada pelos coloridos caramanchões. Herdou também a ancestral solidão que a benfeitora lhe ensinara a cultivar, mantendo inclusive o hábito da colheita dos frutos verdes das árvores do pomar e até mesmo a inconsistente justificativa de que era para evitar a sujeira no quintal.

28
Adoção

O que Jesus recomenda é que não ligue aos bens terrenos mais importância do que aos bens celestiais.

E.S.E

Cinco anos após o desencarne de Berenice, Marina estava regando as flores do jardim, quando uma moça bateu palmas ao portão. Era uma jovem recém-saída da puberdade, magra e maltratada. Trazia no colo, embrulhada em uns cueiros encardidos, uma criancinha minúscula e descorada.

— A senhora pode nos ajudar, pelo amor de Deus? — choramingou a mocinha.

— Ajudar como? — perguntou Marina, com desconfiança.

— Fui abandonada pelo pai desta criança e meu pai não quer saber de mãe solteira na casa dele. Estamos vivendo ao relento, passando fome, frio e privações. Qualquer ajuda que a senhora nos der será de grande valia — disse a moça com voz suplicante.

Marina ficou relutante. Nunca, antes, aquele portão fora aberto para prestar atendimento a alguém. Quando, no passado, acontecia de um andarilho pedir comida, a madrinha colocava o alimento numa vasilha descartável e entregava à pessoa pelo vão da grade, sem Jamais acolher o transeunte.

Mas agora era uma situação diferente. Tratava-se de uma mocinha abandonada, com uma criança recém-nascida no colo. O tempo estava chuvoso, frio... Marina decidiu seguir as ordens do coração e deu-lhes guarida. Apesar da falta de hábito em acolher os necessitados, a mocinha carente e a criança — que era uma menina — foram alimentadas e tratadas com muito carinho.

Horas mais tarde, a moça disse que precisava comprar umas coisinhas para a neném. Marina deu-lhe uma pequena quantia em dinheiro e ficou tomando conta da recém-nascida, que dormia um sono profundo.

Mas as horas foram se passando e o dia terminou sem que a mãe da criança retornasse. Marina se desesperou, mas, apesar da sua falta de experiência, decidiu cuidar daquela criança, na expectativa de que a mocinha voltasse a qualquer momento.

No dia seguinte, houve a confirmação de que ela abandonara a cidade, deixando a pequenina sob os seus cuidados. Inicialmente, uma constante preocupação assaltou o coração da solteirona. No entanto, a menina era tão sossegada e risonha, que em pouco tempo, a convivência entre as duas acabou se tornando muito agradável.

Diante do irresponsável gesto de abandono, Marina não teve dificuldade alguma em oficializar a adoção e logo passou a desejar que a moça nunca mais retornasse. E, de fato, foi o que aconteceu.

Batizada com o nome de Juliana, a menina transformou completamente a rotina de Marina. Tornaram-se amigas inseparáveis e, à medida que a criança crescia, aumentava o apego de Marina por ela.

Mas havia uma época do ano em que Juliana, apesar da pouca idade, mudava de comportamento, tornando-se triste e arredia. Isso ocorria exatamente na época da colheita das frutas verdes.

Mas esse detalhe passava despercebido aos sentidos de Marina. Ela até notava a mudança comportamental da filha adotiva, mas não ligava os fatos, achando que se tratava de algum tipo de anomalia que afetava a menina devido à mudança de clima. Alguma espécie de alergia provocada pelo início da estação das frutas.

Mas, quando contava cinco anos de idade, Juliana desenvolveu uma estranha doença e começou a definhar-se a olhos vistos. Ela não se queixava de dor alguma, mas foi emagrecendo rapidamente, perdeu a capacidade de locomover-se, exigindo o uso de uma cadeira de rodas.

Marina entrou em desespero e gastou muitos recursos, procurando tratamento médico para a menina, mas tudo era em vão. Por mais que a examinassem, os médicos não conseguiam diagnosticar a doença e o pesaroso fantasma da morte passou a rondar aquela casa que, durante cinco anos, fora tão alegre.

Desesperada, a mãe adotiva já não sabia mais o que fazer e praticamente havia perdido a esperança de salvar a criança. Mas houve um dia em que, lamentando com uma amiga, esta lhe falou sobre a assistência espiritual que era oferecida na Cabana das Flores.

Assim, sem pensar duas vezes, preocupada tão somente com a recuperação de Juliana, Marina embarcou em um ônibus e, levando consigo a pequenina, fez uma viagem que durou muitas horas, para conhecer o médium Joaquim.

29
Caridade

A benevolência para com os seus semelhantes, fruto do amor ao próximo, produz a afabilidade e a doçura.

E.S.E

Chegando à cabana, após expor o seu triste drama, Marina implorou cura para a sua querida filha:

— Por favor, seu Joaquim! Eu faço qualquer coisa para que minha filha não morra! Ajude-nos, pelo amor de Deus! — desabafou ela.

— Calma, dona Marina! O problema é que essas coisas não dependem só da nossa vontade. Quem decide é o Pai Maior! — explicou Joaquim, apontando para o alto.

— Mas, por que Deus iria querer a morte de uma criança tão inocente?

— Não estou dizendo que Ele queira, minha filha! Muitas coisas na vida acontecem por razões que nós desconhecemos, mas que Ele conhece bem! Cabe a nós acatarmos a vontade d'Ele e confiar em Sua infinita misericórdia e justiça.

E Joaquim submeteu a menina a um exame espiritual, durante o qual Juliana, em Espírito, apresentou-se ao médium, mas com uma aparência muito diferente. Tratava-se de uma senhora de longos cabelos grisalhos. Tinha um olhar apreensivo e um semblante triste.

— Quem é a senhora? — perguntou Joaquim, mentalmente.

— Uma pessoa que não soube aproveitar a oportunidade da reencarnação. Sou a madrinha e mãe adotiva de Marina.

— A senhora reencarnou como Juliana?

— Sim, sou eu mesma.

— E por quê?

— Consegui autorização para este breve encontro, pois tenho uma dívida a acertar com ela.

— Dívida? Mas, segundo ela mesma, a senhora a adotou, cuidou dela, amou-a...

— Mas não ensinei a ela tudo o que podia. Na verdade, minha atitude foi de egoísmo. Minha casa sempre foi fechada para a caridade e eu não ensinei à Marina a necessidade de sermos caridosos. Nunca recebi um necessitado em meu lar, nunca fiz questão de ajudar as pessoas, embora tivesse as condições propícias para fazê-lo. Até as frutas do meu pomar eu me negava a dá-las para as crianças. Cometi um grande equívoco, seu Joaquim!

— Fora da caridade não há salvação, não é, dona Berenice?!

— Agora eu tenho certeza! Foi por isto que precisei voltar para ter este breve encontro com ela e tentar trazer-lhe uma nova lição. Meu tempo já está chegando ao fim e eu devo retornar à pátria espiritual dentro de pouco tempo.

— Então, quer dizer...

— Quer dizer, seu Joaquim, que não há cura para o corpinho da Juliana. Só lhe peço que, por favor, ajude-me a concretizar esta missão de inserir no coração de Marina a necessidade de se praticar a caridade.

— Está bem! — disse Joaquim. — Eu já entendi o que precisa ser feito. Pode deixar comigo, dona Berenice, que eu vou tentar ajudá-la.

Assim, após a assistência à pequena Juliana, Joaquim entregou a Marina umas ervas para que fossem feitos chás e servidos à criança.

— O senhor acha que ela vai ficar boa, seu Joaquim? — perguntou a mulher com lágrimas nos olhos, ao se despedir do médium.

— Vamos entregar a Juliana nas mãos de Deus, dona Marina! — disse ele. — Vamos deixar que nosso Grande Pai decida o que é melhor para ela, está bem?

— Mas, seu Joaquim, se esta menina morrer, o que vai ser da minha vida sem ela?

— Vai continuar sendo a sua vida! Assim como a Juliana, existem muitas outras crianças necessitando de auxílio, dona Marina. Olhe à sua volta, preste bem atenção, veja como a senhora pode ser muito mais útil do que tem sido até aqui! Adote outras crianças, sei que a sua casa é grande e confortável. Encha-a de crianças. A sua experiência com Juliana mostrou o quanto é gratificante a convivência com elas. Vá com Deus e pense nisto com bastante carinho, está bem?

E Marina despediu-se entre chorosa e sorridente. A ideia de adotar outras crianças, de repente, não lhe pareceu ruim. Retornando à casa, continuou cuidando de Juliana, seguindo agora as orientações dadas por Joaquim.

Uma semana depois, justamente no dia em que o homem contratado iria iniciar a colheita das frutas verdes daquele ano, Marina teve uma agradável surpresa logo pela manhã. Após quase dois anos sem falar, a pequena Juliana finalmente soltou a voz e fez um surpreendente pedido à mãe adotiva:

— Por favor, deixe as frutas ficarem maduras! — balbuciou.

Intrigada com as palavras da menina, entre feliz e curiosa, Marina não compreendeu bem o sentido delas e perguntou:

— O que você disse, meu anjinho? Repita, por favor!

— Deixe as frutas ficarem maduras para as crianças comerem! — repetiu a menina, com mais clareza. E voltou a se calar.

Marina ainda levou algum tempo para assimilar aquele estranho pedido, mas decidiu acatar a solicitação da filha. Naquele ano, após muitas décadas, finalmente as frutas amadureceram entre os ramos.

Nos dias que se seguiram, obedecendo a uma forte intuição, que era, simplesmente um pensamento enviado do plano espiritual, Marina visitou o orfanato existente na cidade e conseguiu autorização para que um grupo de internos fosse passar o fim de semana em sua casa.

A chácara se encheu de rumores e alegria, e contagiou enormemente o frágil coraçãozinho de Juliana, que apresentou uma considerável melhora em seu quadro clínico, chegando mesmo a deixar, por um tempo, a cadeira de rodas.

Entusiasmada com a recuperação da menina, Marina tratou de encher a casa de crianças e, contando com o auxílio de voluntários, e até mesmo de duas babás contratadas, transformou o solitário sobrado num animado e festivo abrigo para crianças órfãs e carentes.

Mas o bom estado de saúde de Juliana não durou muito tempo mais. Poucos meses depois a doença voltou de forma avassaladora e impiedosa. A menina desencarnou numa tarde ensolarada, sob as sombras das árvores do pomar, vendo as crianças trepadas nos galhos, empanturrando-se com as frutas e gargalhando alegremente.

Juliana desencarnou em silêncio, ostentando um sorriso sincero, com o pálido rostinho banhado pelas réstias de luz solar que se infiltravam por entre os ramos.

Marina sentiu uma dor imensa diante de mais aquela perda, mas a casa já estava tão repleta de crianças, com suas inocentes alegrias, seus risos, suas brincadeiras, suas saudáveis travessuras, que ela, apesar do imenso sofrimento imposto pela perda da pequenina, não pôde ficar chorando por muito tempo. Era preciso cuidar dos outros. Sua função de mãe adotiva, agora de uma coletividade, não lhe permitia mais agir egoisticamente.

30
Loucura

Não esqueçais, meus queridos filhos, que o amor aproxima de Deus a criatura e o ódio a distancia d'Ele.

E.S.E

Duas palavras seriam suficientes para definir a personalidade de Bruno, desde os tempos de sua infância: inteligência e educação. Filho caçula de Afonso e Solange, o rapazinho sempre fora motivo de orgulho para seus pais. Era também muito querido no bairro onde nascera e crescera, devido aos bons modos e ao carinho extremo com que tratava todas as pessoas de seu relacionamento.

Sempre se saíra bem nos estudos e, aos 22 anos, já era um competente e respeitado profissional no campo da informática, ocupando destacada e bem remunerada função numa empresa multinacional.

Natália, cuja família era vizinha da família de Bruno, fora a sua primeira e única namorada. Cresceram unidos, brincando e estudando juntos durante toda a infância. Adolescentes ainda, iniciaram o namoro e, quando Natália completara dezoito anos, Bruno, que era dois anos mais velho que ela, pedira-a em casamento. O noivado foi comemorado com muita alegria pelas duas famílias, porque todos se davam perfeitamente bem.

Bruno construiu um apartamento em cima da casa do futuro sogro, mobiliou-o ao gosto da noiva e, faltando ainda seis meses para a data tão esperada, a nova residência estava completamente pronta para ser habitada pelo jovem casal que já havia preparado, inclusive, o quarto para o primeiro filho que pretendiam conceber o mais rapidamente possível.

Faltavam pouco mais de quatro meses para que Bruno e Natália se casassem quando, numa noite, o rapaz teve um horrível pesadelo. Acordou a família toda, altas horas da madrugada, suando, chorando, e com o coração aos solavancos. Depois daquela noite, perdeu completamente o sossego.

O que se passou durante o misterioso e trágico sonho, Bruno nunca contou a ninguém, pois simplesmente dizia não se lembrar de nada. Mas a partir daquele dia, uma estranha mudança de comportamento o envolveu inteiramente. Ele, que sempre fora alegre e comunicativo, tornou-se triste, pesaroso e introspectivo. Desde então, passou a evitar os amigos, os parentes e até mesmo a noiva tão amada.

No emprego, onde fora sempre dedicado e responsável, passou a faltar ao trabalho, alegando mal-estar e indisposição física. Deu de passar os dias trancado em seu quarto, olhar perdido no vazio, calado e solitário.

Todos acompanhavam com muita preocupação a mudança de comportamento de Bruno e inúmeras hipóteses foram aventadas para tentar explicar aquele estranho fenômeno. Uns diziam tratar-se de preocupação devido à responsabilidade que o casamento, que estava bem próximo, representaria. Outros, que era uma crise depressiva e houve até quem garantisse que o rapaz estava enlouquecendo.

Afonso e Solange, que conheciam bem o filho, descartaram com veemência todas essas hipóteses. Eles eram católicos fervorosos e pediram ajuda ao padre da igreja onde frequentavam, julgando que talvez o filho estivesse sofrendo mesmo algum tipo de possessão demoníaca.

Natália e seus pais faziam promessas aos santos protetores, e os irmãos e os amigos de Bruno rezavam todas as noites, pedindo a Deus que afastasse do rapaz qualquer companhia negativa que o estivesse influenciando.

Mas o problema continuava insolúvel. A chefia de Bruno concordou que o rapaz fosse afastado por um tempo do emprego, para se tratar, e os pais iniciaram uma cansativa peregrinação com o filho a diversas clínicas psiquiátricas, sem, no entanto, obterem qualquer sucesso. O rapaz estava a cada dia mais introspectivo e alheio ao que ocorria à sua volta.

Um mês após haver tido o pesadelo, numa noite em que Afonso e Solange não conseguiam pegar no sono, discutindo sobre o que fazer para solucionar o problema do filho, ouviram leves batidas na porta do quarto e tiveram a grande surpresa de ver que era Bruno quem os havia procurado para conversar.

Inicialmente, ficaram felizes, pois havia mais de um mês que o rapaz não tomava a iniciativa de conversar com ninguém, e quando alguém se dirigia a ele, ou respondia em monossílabos ou nada dizia. Agora, ali estava, por iniciativa própria, procurando os pais, no meio da noite, para dialogar.

No entanto, o rumo da conversa deixou Afonso e Solange ainda mais apreensivos.

— Pai... Mãe... — chamou o rapaz, com voz sumida, em meio à penumbra do quarto, que estava iluminado apenas pela pálida luz de um abajur. — Preciso confessar uma coisa a vocês.

Afonso, que havia se levantado para abrir a porta, abraçou-o e o fez sentar-se na cama, onde Solange estava recostada no travesseiro.

— Está bem, meu filho, pode falar. Nós estamos ouvindo.

— Eu... Cometi um crime... Um crime muito grave...

Solange deu um salto da cama e sentou-se ao lado do filho.

— O que você está dizendo?

A voz do rapaz soava cansada e ofegante, como se ele fizesse um grande esforço para pronunciar as palavras.

— Eu... Matei um... Homem...

Como que movido por uma mola invisível, Afonso deu um salto até o canto da parede onde ficava o interruptor e acendeu a lâmpada, espalhando uma súbita claridade no quarto. Bruno cerrou os olhos e os protegeu com a palma da mão direita.

— Por favor... Apague esta luz... — pediu com voz abafada.

Mas Afonso não o obedeceu. Acabara de ouvir uma confissão muito grave e precisava tirar a limpo aquela história. Precisava olhar para o rosto do filho e observar o que havia de verdade naquela confissão. Solange o olhava, boquiaberta, sem saber o que falar.

Afonso sentou-se ao lado de Bruno, pousou a mão em seu ombro e o inquiriu com aflição:

— Meu filho, o que foi que você disse? Poderia repetir, por favor?

— Eu disse, meu pai... Que matei um homem... Matei! Vocês entendem?

E começou a chorar. Estava completamente descontrolado.

— Sou um assassino miserável! Tenho que ir para a cadeia! Preciso pagar pelo que fiz...

Diante do desespero do filho, Solange também começou a chorar e Afonso precisou fazer um esforço sobre-humano para se controlar e também não cair no choro.

— Bruno, meu filho, procure se acalmar, por favor! Conte-me com mais detalhes, o que foi que aconteceu?

O rapaz levou alguns segundos para conter o choro e quando finalmente pôde falar, o fez com a voz entrecortada, aos trancos:

— Não sei por que matei aquele homem, pai. Mas eu estava com muita vontade de fazer aquilo e na hora me senti vitorioso. Eu cravei meu punhal no peito dele, pai... Senti o coração dele pulsar no cabo da minha faca... Senti o sangue quente dele encharcar as minhas mãos e gostei de fazer aquilo... Você entende?

— Preste atenção, meu filho, porque isto é muito sério — advertiu Afonso, com voz trêmula. — Quando e onde foi que isso aconteceu?

— Não tenho certeza... Já faz muito tempo...

— Mas onde foi que isso aconteceu?

— Não sei, meu pai! É um lugar estranho, acho que foi no meio do mato, debaixo de umas árvores... Eu não me lembro direito...

E o rapaz voltou a chorar, protegendo o rosto com as mãos, repetindo com voz rouca, como se sentisse muita dor:

— Eu sou um monstro! Um monstro horrível e repugnante! Eu sou um monstro...

Solange o abraçou aos prantos enquanto tentava buscar, com os olhos aflitos e inquisidores, o olhar do marido. Mas Afonso não estava em condições de amparar a esposa naquele momento, pois também ele estava muito abalado diante daquela dura realidade.

Agora, não havia mais dúvidas de que o filho havia enlouquecido e estava delirando. Ele sabia que Bruno não mataria sequer uma barata. O rapaz era totalmente inofensivo. Jamais seria capaz de empunhar uma arma e ferir a quem quer que fosse. Definitivamente, seu filho estava louco e ele não sabia mais o que fazer.

31
Duelo

O obsidiado e o possesso são quase sempre vítimas de uma vingança, cujo motivo se encontra em existência anterior.

E.S.E

Foi Mário, um companheiro de trabalho de Afonso, que conversou com ele sobre a possibilidade de levarem o rapaz à Cabana das Flores.

— Nunca levei muito a sério esse negócio de conversar com Espíritos, mas tenho visto muita gente séria fazer isto e dizer que dá resultado — disse ele, compadecido com o sofrimento do amigo.

— Se o problema fosse espiritual, o padre José teria resolvido — respondeu Afonso.

— Não é bem assim que funciona, meu amigo. Ouvi dizer que existe um lugar aí, um Centro Espírita chamado Cabana das Flores, onde os Espíritos se manifestam e contam para o médium que trabalha lá, um tal de Joaquim, o que está acontecendo na vida da pessoa. E, se for do merecimento dela, as coisas acabam se ajustando.

— Eu não me conformo, Mário. Meu filho é um bom rapaz, honesto, estudioso, educado... Como é que termina assim? Está lá, praticamente preso em seu quarto, dependendo de medicamentos fortes para se manter apaziguado, chorando o tempo todo e se dizendo assassino. Logo ele, que nunca foi capaz de fazer mal a uma mosca sequer! Estou adiando ao máximo, mas chegará uma hora em que terei de interná-lo num manicômio...

— É justamente por isso que eu estou lhe dizendo, Afonso. O seu filho é um menino muito querido e pode ter provocado a inveja de alguém, que resolveu fazer uma maldade para ele. Sei lá, algum trabalho de mandinga, alguma bruxaria... Se fosse meu filho, eu não pensaria duas vezes...

Ao chegar em casa, Afonso contou à esposa a conversa que tivera com Mário, e Solange achou que não era má ideia.

— Já experimentamos de tudo, Afonso. Eu acho que não custa nada fazermos mais essa tentativa. Se não der certo, o que se perde?

E foi assim que, num fim de semana, Afonso, Solange, Bruno e Natália estiveram na Cabana das Flores, onde foram carinhosamente recebidos por Benedito e Joaquim. Após submeter Bruno a um exame espiritual, o médium chamou os pais do rapaz para uma conversa reservada. Depois de ter ouvido toda a narrativa dos fatos, ele questionou:

— Com o que vocês o tem tratado?

— Damos a ele uns antidepressivos que o médico receitou e procuramos mantê-lo no quarto todo o tempo possível — explicou Afonso.

Joaquim permaneceu em silêncio por um tempo, enquanto esperava receber alguma orientação de Joel.

— Quer dizer que ele diz ter assassinado um homem? — perguntou, por fim.

— Sim, mas isso é impossível! Se houvesse qualquer possibilidade de ser verídica essa confissão, eu seria o primeiro a exigir esclarecimentos, mas eu conheço o meu filho muito bem. Sei que ele nunca faria isto. Ainda mais do modo como ele disse que aconteceu, com uma punhalada no peito, e que ele teve prazer em sentir o coração da vítima pulsando no cabo da faca, o sangue encharcando as suas mãos... Não, seu Joaquim, isso é impossível!

Enquanto Afonso falava, Joaquim recebeu a orientação de que precisava e a cena do crime, que havia ocorrido há pouco mais de um século, lhe foi mostrada imediatamente. Tratava-se de um duelo travado, naquela encarnação, entre Bruno e um rival, com quem disputava o amor de sua atual noiva. Como os dois estivessem loucamente apaixonados pela moça, e ela não se definisse com qual deles pretendia se casar, eles decidiram resolver a questão a seu modo.

Marcaram o sinistro encontro numa noite, em local bastante ermo, para evitarem a presença de testemunhas. Conforme haviam combinado, num trabalho conjunto e silencioso, cavaram uma funda sepultura no meio do mato, onde seria enterrado o corpo do perdedor do duelo.

Após isto, enfrentaram-se e lutaram até a morte, tendo Bruno vencido a disputa ao cravar o punhal no coração de seu inimigo. Logo após o duelo, enterrou o corpo do rapaz e foi embora, como se nada houvesse acontecido.

Aquele crime nunca foi descoberto, mas o casamento também não se concretizou, pois a moça adoeceu gravemente e faleceu pouco tempo depois do duelo. Tudo o que restou ao vencedor foi uma vida solitária e assombrada pelo remorso de um crime que não se revertera em seu favor e que o tornara detentor de uma dívida moral que quase o levou à loucura naquela encarnação.

O rapaz assassinado, que só propusera o desafio por estar muito seguro de sua vitória, jamais se conformou com a derrota e tornou-se um obsessor implacável a cobrar com sobra de juros a dívida moral contraída pelo seu assassino. Após uma vida inteira de sofrimentos físicos e morais, Bruno desencarnou e continuou padecendo nas regiões inferiores do plano espiritual.

Sinceramente arrependido de seu crime, Bruno implorou por uma oportunidade de resgate. Assim, lhe foi concedida a chance de uma nova experiência encarnatória, onde se reencontraria com a moça que fora a causa de sua tresloucada atitude. Dessa vez, teria a chance de se casar com ela e, segundo a programação combinada no plano espiritual, os dois deveriam receber como filho o rapaz que fora assassinado.

Bruno não tinha dúvidas de que seria uma convivência bastante tumultuada, provavelmente repleta de contrariedades e dissensões, mas sabia também que era a única forma de iniciar um processo de reconciliação com o seu desafeto.

Com a proximidade da data do casamento e, consequentemente, da concepção daquele filho, um medo excessivo, em parte provocado pelo próprio inconsciente de Bruno e, em parte pela ação maldosa de Espíritos inferiores, que sempre tentam evitar o sucesso dos resgates expiatórios, fez com que ele entrasse em crise. E tudo isso, agravado ainda pela incerteza do Espírito com quem Bruno havia duelado.

Aquele homem ainda nutria ódio e mágoa pelo seu assassino e, mesmo tendo acompanhado os passos de Bruno em sua nova encarnação e se certificado das mudanças morais que nele se operaram, continuava reticente quanto ao sucesso daquela incômoda, ainda que necessária convivência.

Durante o pesadelo daquela noite, a ação criminosa de Bruno lhe foi descortinada diante dos olhos de uma maneira tão impiedosa, que ele sucumbiu à ação perniciosa do cáustico remorso que jazia adormecido em seu inconsciente.

Ao acordar, ele só se lembrava do momento em que cravara o punhal no peito de seu oponente, mas não conseguia se recordar dos acontecimentos anteriores e posteriores à ação.

E foi assim, completamente envolvido naquele profuso emaranhamento psíquico, que ele abandonou o timão da própria vida. A única certeza que tinha agora era a de ser um assassino frio, cruel e impiedoso.

32
Reconciliação

A caridade não consiste apenas em assistirmos os nossos semelhantes em suas necessidades; também consiste no esquecimento e no perdão das ofensas.

E.S.E

Diante de tais informações, Joaquim suspirou fundo, olhou nos olhos tristes dos pais de Bruno, que aguardavam impacientes pela sua manifestação, e disse-lhes com brandura:

— Que o Divino Mestre nos auxilie!

— O senhor ficou sabendo de alguma coisa? — perguntou Afonso, com ansiedade. — Os Espíritos lhe disseram algo?

Joaquim manteve seu semblante sereno. Sabia que não adiantaria contar ao casal o que acabara de descobrir. Já enfrentara aquela situação muitas vezes e a reação das pessoas era sempre de incredulidade. Por isso, disse apenas:

— Vamos ver o que pode ser feito para auxiliar o filho de vocês a superar este doloroso momento.

Solange, que até então se mantivera calada, segurou a mão do médium e, com os olhos banhados de lágrimas, implorou:

— Por favor, seu Joaquim, ajude-nos!

— Faremos o que for possível, dona Solange, mas a cura está nas mãos de Deus! Confiemos Nele, peçamos o auxílio a Ele, que é justo, bom e soberano!

Dizendo isto, levantou-se, apanhou uma boa quantidade de ervas desidratadas e as entregou ao casal.

— Eu quero que vocês façam bastante chá com estas plantas e deem diariamente ao rapaz. Assim que perceberem uma melhoria em seu quadro, e, com a devida orientação médica, procurem ir diminuindo a dosagem dos medicamentos alopáticos.

— Mas e quanto à assistência espiritual? — perguntou Afonso.

— Deixem isto por minha conta! — acalmou-o o médium.

— Mas, não precisaremos trazê-lo novamente aqui?

— Tragam-no daqui a dois meses.

— Mas...

— Confie em mim, seu Afonso. Vão com Deus, orem pelo filho de vocês e apenas sigam as minhas orientações.

A assistência espiritual ao rapaz teve início naquele mesmo dia, sob a orientação de Joel e de outras entidades interessadas naquele processo. Manifestando-se por intermédio de Benedito, o Espírito que deveria reencarnar como filho de Bruno e Natália mostrou-se assustado e inseguro.

— Não sei se quero ter como pai o meu próprio assassino — ele disse.

— Calma, meu filho — pediu-lhe Joaquim. — Este reencontro é muito importante para vocês. É por intermédio dele que vocês poderão se reconciliar e se livrarem deste terrível sofrimento, provocado pelo ódio e pela mágoa.

— Não sei se conseguirei perdoá-lo...

— Não se preocupe com isso agora. Haverá muito tempo. Além disso, você estará protegido pela lei do esquecimento e vai conviver, não mais com um assassino, mas com um homem bom e íntegro que irá amá-lo e protegê-lo. Confie em Deus, meu filho, creia no Seu infinito amor e tenha a certeza de que tudo o que Ele faz é para o nosso bem. Colabore com os amigos espirituais que concederam a vocês a oportunidade desse reencontro. Direcione os seus pensamentos para as boas venturas que esta experiência lhe proporcionará. Não alimente mais esses sentimentos negativos que há tanto tempo o mantém unido àquele rapaz, pois são esses sentimentos que estão servindo de munição às entidades doentias que o estão assediando e tentando destruir-lhe a vida. Se esses inimigos do bem triunfarem, as coisas entre você e o Bruno só irão se agravar, e o sofrimento que os aguardam no futuro certamente serão maiores do que aqueles que os subjugaram até o presente momento. Faça a sua parte, meu irmãozinho! Confie em Deus!

O Espírito aquiesceu e prometeu que não mais seria um empecilho à concretização dos planos previamente traçados. Desse modo, outras reuniões espirituais foram realizadas nos dias sequentes, com esse objetivo. Os esclarecimentos ministrados por Joaquim acabou surtindo o efeito desejado.

Conforme combinado, dois meses depois, os pais de Bruno o levaram à Cabana das Flores, mas não havia mais a necessidade de assistência alguma. Foram lá apenas para agradecer a Joaquim e para levar-lhe um convite para o casamento, que iria ocorrer na data marcada, sem um dia sequer de atraso.

Bruno estava completamente curado, havia voltado ao trabalho com a mesma disposição de antes e quando alguns parentes, preocupados com uma possível recaída, sugeriram o adiamento do matrimônio, ele foi taxativo:

— Eu e a Natália vamos nos casar na data marcada. E pronto!

Ao se despedir, Solange deu um carinhoso beijo na testa de Joaquim e confidenciou em seu ouvido:

— Fiquei tão impressionada com todos esses acontecimentos, seu Joaquim, que resolvi ler *O Livro dos Espíritos*. O que ocorreu com o Bruno tem a ver com as coisas que estão escritas lá, não tem?

E o médium sorriu com a ternura que lhe era tão peculiar.

— Leia, minha filha, e tire as suas próprias conclusões! Mas não fique somente na leitura, procure conhecer uma Casa Espírita, investigue com maior profundidade e, se um dia quiser conversar a respeito, eu terei muito prazer em recebê-la.

E Joaquim, emocionado e agradecido a Deus, ficou acenando da porteirinha que divisava a pastagem da fazenda e o quintal da Cabana das Flores, enquanto o carro se afastava pela estradinha empoeirada, levando quatro pessoas felizes, cujo amoroso trabalho do médium e dos amigos espirituais livrou de uma provável derrocada.

33
A viúva

Os Espíritos não ocupam uma região determinada e circunscrita; estão por toda parte no espaço e ao nosso lado. É toda uma população invisível, a mover-se em torno de nós.

L.E

Certo dia, Joaquim recebeu a visita de uma senhora chamada Elma. Era moradora de uma cidade vizinha e, segundo ela, sua casa estava sendo assombrada pelo Espírito do marido que havia falecido há longo tempo, vítima de um infarto fulminante, durante a madrugada.

— Meu esposo era empresário e político em nossa cidade, e parece que não se conformou com a morte física, ocorrida aos 53 anos, porque não há um só dia que eu não sinta a presença dele.

— A senhora consegue vê-lo? — perguntou Joaquim.

— Ver, nunca vi, mas tenho umas sensações estranhas e não há uma noite sequer que eu não o perceba na cama, ao meu lado. Sinto até o movimento do colchão, quando ele se move.

— E como a senhora sabe que é mesmo o seu marido?

— Seu Joaquim, eu não sou uma pessoa totalmente ignorante no que diz respeito ao espiritismo. Um tio meu era espírita e eu li vários livros que ele possuía em casa. Fazia-o escondido, porque meus pais não admitiam outra religião para os filhos que não fosse o catolicismo. Mais tarde eu me casei e o meu marido tinha uma visão materialista. Assim, eu me afastei definitivamente das práticas religiosas, mas nunca me esqueci dos fundamentos doutrinários das leituras que pude fazer, quando adolescente.

— Quer dizer que a senhora acredita na continuação da vida após a morte do corpo material?

— Perfeitamente! E sei que o meu marido pode estar ainda ligado à matéria, afinal, teve uma morte abrupta e deixou muita coisa em andamento, inclusive um mandato de prefeito e a tentativa de eleger nosso filho mais velho para substituí-lo. Talvez ele nem tenha consciência de que não pertence mais ao plano terreno.

— Bem, dona Elma, a senhora fez muito bem em vir aqui. Se a sua suspeita estiver correta, tentarei, com a permissão do Alto, auxiliar o seu esposo.

Após a entrevista em que dona Elma passou a Joaquim todas as informações necessárias, ela se despediu, ficando acertado que deveria voltar algum tempo depois à Cabana das Flores.

A partir daquele dia, em seguidas reuniões mediúnicas, Joaquim mentalizava o Espírito do esposo de dona Elma, mas não houve manifestação alguma. Foi o mentor espiritual que explicou a Joaquim o que estava ocorrendo:

— Ele quer se comunicar por meio de uma psicografia, porque gostaria muito que seus filhos lessem o que tem a dizer.

— Pois bem, Joel, então que seja assim — disse o médium com boa vontade.

E tratou de preparar papel e lápis para receber a mensagem, durante os trabalhos daquela tarde. Após ter sido psicografada, a mensagem foi entregue à família do comunicante.

Escrita numa linguagem culta, num estilo que dona Elma reconheceu como sendo igual a de seu marido, a carta era um verdadeiro desabafo daquele homem que demonstrava grande arrependimento por muitas de suas atitudes enquanto encarnado.

34
Psicografia

As comunicações ostensivas se dão por meio da escrita, da palavra ou de outras manifestações materiais, quase sempre pelos médiuns que lhes servem de instrumentos.

L.E

Peço à minha esposa e aos meus filhos que me perdoem pelos incômodos causados durante o período que permaneci junto a eles, após o meu desencarne e espero que depois de lerem este relato, compreendam as razões de minha atitude. Eu não acreditava estar morto. Achava que era um equívoco e que a qualquer hora alguém perceberia isso e cuidaria de mim, porque, para dizer a verdade, em momento algum eu me senti morto.

Quem me conheceu sabe que aos domingos eu sempre despertava com as badaladas festivas do sino da igreja que fica bem próximo da casa onde vivi. Ele batia anunciando a primeira missa domingueira e eu acordava. Em seguida, eu me levantava, arrumava-me e ia à missa. Depois, ia cuidar dos afazeres, pois, como homem público, tinha muito que fazer e costumava ir ao Gabinete para despachar, também aos fins de semana.

Mas naquela manhã as coisas estavam bem diferentes. Eu ouvira o sino tocar inúmeras vezes e ainda não conseguira deixar a cama. Não sabia se não queria ou se não havia meios de fazê-lo. A verdade é que eu me sentia incapaz de me levantar, como se uma força irresistível me mantivesse pregado ao leito. Então, fiquei ali, ouvindo a cadência lúgubre daquele sino que esparramava som sobre a cidade semiadormecida e de repente percebi como elas eram tristes e nostálgicas.

Mas, além da impossibilidade de deixar a cama e da nostalgia que sugeria o sino, havia outra coisa me perturbando. E esta sim, me incomodava muito mais. Tratava-se de um estado de consciência que até então não me havia instigado os sentidos. Era tudo muito estranho, mas parecia que eu havia perdido, de uma hora para outra, a capacidade de me manter naquela ilusória condição em que vivia, adornando-me de falsas glórias, alimentando a presunção de querer ser o que na verdade nunca fui.

Eu não entendia como aquilo ocorrera assim, tão repentinamente. Até ali, vinha vivendo como muita gente vive: enovelado em sandices, desfrutando os benefícios de minhas falsas, porém convincentes qualidades, e estes artifícios nunca antes haviam me incomodado.

De repente, passei a repudiar o poder ilusório que sempre persegui e que me foi conferido pela sociedade dos homens falsos (alguns ainda piores do que eu) e que me incentivaram a acreditar em tantas inverdades, convincentemente dissimuladas, ajudando-me a chafurdar no lodaçal dos enganos e da hipocrisia.

Sentia agora que os conceitos inconsistentes do passado me eram arrancados à força, pelo poder de algo que não via, mas que me envolvia e dominava completamente. Uma inevitável inquietação que, de certo, me espreitava, adormecida numa gaveta sombria de minha alma.

Concluí, com aterrorizante clareza, que eu não era nem um fiapo daquilo que julgava ser. Mais ainda! Percebi também, com toda a nitidez de meus sentidos mais sóbrios e apurados, que gastei demasiado tempo e energia cuidando de coisas e de pessoas superficiais, ilegítimas, que não valiam um milésimo da dedicação que lhes prestei. Que dei pouquíssimo ou nenhum valor àqueles que realmente mereciam. Que fui bastante equivocado nas questões afetivas.

A claridade desta nova consciência era tão arrebatadora e tão imensurável, que não admitia qualquer desculpa, expondo um quadro febril, do qual, por mais que eu persistisse, não conseguia me libertar. Eu a sentia expandir-se, agigantar-se ainda mais, quando pensava dedicação de minha esposa, na inocente ternura de meus filhos, na honesta consideração daqueles que me cercavam por amor e amizade sinceros.

Inquietava-me saber que essas pessoas ainda continuavam acreditando naquele falso homem que moldei em mim, nos inúmeros títulos honrosos com que fui agraciado pela fingida benemerência, mas, principalmente, pelos interesses escusos daqueles que os podiam conceder. Mas com estes eu não estava preocupado. A maioria conhecia a realidade de minha natureza fraca e sabia o preço que paguei pela manipulação das ilusórias conquistas. Minha consciência não se sentia culpada em relação a eles.

Mas, com relação aos outros, sim! A eles eu gostaria de me dirigir naquele momento em que a luz da consciência me envolvia inteira e dolorosamente, de descerrar o véu que encobria meu ser desprovido de virtudes e valores, e dizer-lhes com toda a convicção de minha alma:

"Eis aqui o verdadeiro homem com quem vocês conviveram em todos esses anos. Aqui está ele, finalmente desnudado de ilusões e de inverdades. Aqui está o falso puritano que fingia idoneidade, mas não perdia uma única chance de ser vil. O político que pregava a honestidade e a ética, mas que era totalmente corruptível. O marido que fingia fidelidade, mas que não perdia uma única chance de ser infiel. O pai omisso. O falso amigo que falava em solidariedade, mas regozijava-se com o fracasso dos seus pares, o religioso que frequentava a igreja, mas que intimamente descria e duvidava de Deus..."

Se eu pudesse fazê-lo naquele momento, sentiria um grande alívio em minha alma. Minha consciência não pesaria tanto. A inquietação daquele inevitável holofote que se refletia dentro de mim e me desprovia de qualquer artifício de desculpa, provocando aquela insuportável e estranha sensação de constrangimento, dor e tristeza, seria abrandada. Mas eu não conseguia fazer nada! Estava retido ali, naquele leito inóspito, sentindo-me impotente, inutilizado...

Ah, meu Deus! E de novo aquele sino com suas badaladas lúgubres! Eu queria tanto que ele silenciasse! Aliás, eu queria mesmo era que todos silenciassem! Ainda não havia entendido porque minha esposa estava chorando tanto. Porque meus filhos estavam ali, naquela manhã, em meu quarto. Eles nunca apareciam àquela hora. E dentro do turbilhão sísmico que me estonteava, eu ficava me perguntando:

"Será que aconteceu alguma coisa e não me avisaram?"

E só então eu comecei a compreender o sentido triste daquelas badaladas. Não era a primeira missa do domingo que elas anunciavam. Parecia ser... Não! Não parecia apenas, tratava-se de uma morte. Com toda a certeza, morrera alguém na cidade. E, pela persistência do sino, deveria ser uma alta autoridade. A cidade era muito pequena, todos nós nos conhecíamos. Quase todos os moradores eram meus eleitores...

E eu me perguntava, porque não me haviam avisado. Afinal, eu era uma alta autoridade daquele município, deveria ter sido informado. De repente, a voz do pároco local ecoou através do autofalante da igreja, espalhando-se pelos ares. Firmei bem os sentidos e pude ouvir o anúncio fúnebre. E foi aí que se descortinou diante de mim a terrível realidade daquele momento: a alta autoridade, cuja morte os sinos anunciavam com tanta persistência, era eu!

O comunicado era de que eu havia sofrido um enfarte fulminante durante a madrugada e encerrava dizendo que a família, enlutada, convidava a todos para o velório, no salão nobre da prefeitura, e para o sepultamento no dia seguinte. Achei que todos haviam enlouquecido, afinal, eu me sentia tão vivo quanto qualquer um deles.

Considerei que talvez tivesse mesmo sofrido um enfarte, afinal, meu coração já havia dado vários sinais de fraqueza nos últimos dez anos, e agora eu percebia que, de fato, uma dor aguda no peito estava mesmo me incomodando, mas daí a dizer que eu estava morto havia uma distância muito grande. Afinal, eu estava ali, ouvindo todos os sons à minha volta, vendo a minha mulher e os meus filhos se derreterem em lágrimas diante de mim. Apesar de impaciente, decidi ficar bem quieto, esperando o momento em que alguém, se dando conta do terrível engano, me retirasse daquela cama.

Mais tarde, me prepararam, puseram-me numa urna e velaram o meu corpo. No dia seguinte, foram me sepultar, mas eu consegui escapar antes que lacrassem o caixão. Retornei para casa, deitei-me em minha cama e fiquei aguardando o momento em que alguém percebesse o equívoco e concluísse que eu continuava vivo.

Achei que quando isto ocorresse iriam me levar a um hospital, onde eu seria curado de minha enfermidade e voltaria à minha vida normal. Só que desta vez pretendia fazer diferente. Queria ser mais honesto com os outros e comigo mesmo. Queria encarar a vida de frente, sem medo de admitir minhas fraquezas, minhas limitações. Queria cultivar mais sentimentos nobres em meu coração. Não teria constrangimento em pedir perdão às pessoas que ofendi. Não guardaria mágoas das que me ofenderam... Mas, infelizmente, meu tempo havia se esgotado.

Agora, só resta pedir a Deus que me dê força e coragem para prosseguir, e a oportunidade de um novo começo, por meio da lei da reencarnação. Levarei comigo o desapontamento do tempo desperdiçado, pedindo aos meus filhos que não se esqueçam desta lição e que façam melhor do que eu, com um maior aproveitamento evolutivo em sua caminhada terrena. Que Deus os abençoe e se apiede de mim!

— Definitivamente, a confusão mental que se segue à morte não é um privilégio das pessoas incultas — comentou Joaquim com Joel, referindo-se àquele Espírito, que, apesar de todas as evidências, permanecera tanto tempo naquela caótica condição.

— Infelizmente, em muitos casos, a evolução intelectual não é acompanhada do crescimento moral, como era de se esperar que ocorresse. Nesses casos, as consequências podem ser agravadas, porque o nível de consciência do Espírito é mais elevado e ele costuma se cobrar de modo mais contundente pelas oportunidades que teve de promover o bem, mas que acabou desperdiçando.

E Joaquim repetiu as palavras do Evangelho:

> Porque a todo aquele, a quem muito foi dado, muito será pedido, e ao que muito confiaram, mais contas lhe tomarão.

E a partir daquele dia passou a incluir em suas preces o nome daquele Espírito, a quem a luz da consciência chegara tardiamente naquela encarnação.